Beck'sche Reihe
BsR 452

Zehn Minuten für die Dichter: „Zuviel Zeit!" mag der sagen, der zur Lyrik keinen Zugang zu haben meint, „zuwenig!" der, der für sie mehr Aufmerksamkeit einfordern möchte. Den Streit will dieses Buch nicht entscheiden. Welche Einsichten man aber gewinnen kann, wenn eine Kennerin der deutschen Literatur wie Barbara Bondy uns für Augenblicke teilnehmen läßt an der Begegnung mit deutschen Gedichten – von Gryphius über Rilke bis zu Benn –, das zeigt der vorliegende Band. Er lädt ein „mitzulesen", macht Mut zu eigener Lektüre.

Barbara Bondy, geb. in Berlin, studierte nach dem Abitur Literaturwissenschaft in Paris an der Sorbonne. Seit 1961 gehört sie der Redaktion der „Süddeutschen Zeitung" als Literaturkritikerin und Redakteurin an und unterrichtet Deutsch in den Oberklassen des Landerziehungsheims Schloß Stein. 1966 erhielt sie den Theodor-Wolff-Preis, 1977 den Großen Preis der Akademie für Kinder- und Jugendliteratur Volkach. Bei C.H.Beck erschien: Der unversöhnliche Traum. Dichterporträts aus zwei Jahrhunderten (1986).

BARBARA BONDY

Zehn Minuten für die Dichter

VERLAG C.H.BECK MÜNCHEN

Die Deutsche Bibliothek – CIP-Einheitsaufnahme

Bondy, Barbara:
Zehn Minuten für die Dichter / Barbara Bondy. –
Orig.-Ausg. – München : Beck, 1991
(Beck'sche Reihe ; 452)
ISBN 3 406 34044 X
NE: GT

Originalausgabe
ISBN 3 406 34044 X

Umschlagentwurf: Uwe Göbel, München

Gesamtherstellung: C. H. Beck'sche Buchdruckerei, Nördlingen
Printed in Germany

Inhalt

Vorwort

Ein Versuch, nicht mehr, nicht weniger: dem Publikum einige Gedichte und ihre Interpretation vorzulegen – einem Publikum, das, wie es oft heißt, Gedichte heute weder hören noch lesen mag. Wir können nicht daran glauben, denn was ist die große Lyrik anderes als die kunstvolle Formulierung der Bilder der Welt und der Bilder der Seele, die kürzeste unwiderrufliche Benennung unserer Freude, unserer Trauer, von Gedanke und Leidenschaft!

Auch diese vorliegende schmale Auswahl wird, wie alle derartigen Versuche, willkürlich wirken, beliebig zusammengestellt. Dieser Vorwurf ist auch bei großen Anthologien nicht auszuräumen, höchstens könnte man sagen, diese Auswahl, die von Gryphius bis Benn reicht und die auch im Funk gesendet wurde, ist bestimmt von den Neigungen der Interpretin und des betreuenden Redakteurs, des unvergessenen Rudolf Riedler, selbst ein Lyriker von Rang; auch die Abstimmung mit anderen Interpreten und Lesungen spielte eine Rolle.

Es geht um die Verführung zum Gedicht – und daß sie gelingen kann, habe ich öfter erfahren: bei einem fremden Publikum und im Unterricht bei 18–19 jährigen Gymnasiasten, die nach anfänglicher Abwehr und Stummheit dann, kaum merklich zunächst, der Verführung des Worts nachgaben.

Andreas Gryphius
Tränen in schwerer Krankheit

Das ist ein Gedicht aus lange vergangener Zeit. Der Dichter hat zu der strengen, ernsten Überschrift, die schon keine Ausflucht zuläßt, diesem „Tränen in schwerer Krankheit" die Jahreszahl hinzugesetzt: „Anno 1640". Über dreihundert Jahre also müssen wir uns zurückdenken, zurückhören, in eine ferne Vergangenheit, zu einer Stimme, die lange nicht mehr lebt – um zu erkennen: Nah ist uns diese Stimme, auch unsere Schmerzen spricht sie aus. Ein großes Gedicht reicht über die vergängliche Zeit, beendet sie.

Hier ist das Gedicht:

Tränen in schwerer Krankheit

Mir ist, ich weiß nicht wie, ich seufze für und für.
Ich weine Tag und Nacht; ich sitz in tausend Schmerzen;
Und tausend fürcht ich noch; die Kraft in meinem Herzen
Verschwindt, der Geist verschmacht', die Hände sinken mir.

Die Wangen werden bleich, der muntern Augen Zier
Vergeht gleich als der Schein der schon verbrannten Kerzen.

Die Seele wird bestürmt gleich wie die See im Märzen.
Was ist dies Leben doch, was sind wir, ich und ihr?

Was bilden wir uns ein, was wünschen wir zu haben?
Itzt sind wir hoch und groß, und morgen schon vergraben.

Itzt Blumen, morgen Kot. Wir sind ein Wind, ein Schaum.
Ein Nebel und ein Bach, ein Reif, ein Tau, ein Schatten.
Itzt was und morgen nichts. Und was sind unsere Taten.
Als ein mit herber Angst durchaus vermischter Traum.

Wir hören. Antworten wir? Denn jedes Hören zieht doch, recht verstanden, eine Antwort nach sich. Der Titel schon betrifft uns ganz. „Tränen in schwerer Krankheit". Jederzeit kann uns Krankheit treffen, sind wir gesund, so sind wir, zufällig, verschont.

Mir ist, ich weiß nicht wie, ich seufze für und für.
Ich weine Tag und Nacht; ich sitz in tausend Schmerzen.

Das ist der Auftakt, und ein Wort bleibt im Ohr: ich. Ein autobiographisches Gedicht also, ein Ich-Bericht, eine Konfession. Andreas Gryphius, geboren 1616, gestorben 1664, Schlesier, einer der großen Dichter der Barockzeit, lebte, unter körperlichen und seelischen Leiden, in der endlosen Kriegszeit, die Mitteleuropa dreißig Jahre nicht zur Ruhe kommen ließ, nicht zum Atemholen. Hier aber spricht nur das Ich: auf sich gestellt in einem unwiderruflichen Augenblick der Leidenserfahrung. Aber dieses Ich hat noch die Kraft zum Sprechen; noch nicht in Stummheit gestoßen, findet es ein Stück unwiderruflicher Freiheit: in der Artikulation, der Benennung seiner Lage. Die heißt: Schmerz. Körperlicher Schmerz zunächst, doch er hat die Seele schon erreicht. Der Augenblick wird ins Endlose verlängert, grenzenlos erweitert: durch die Angst:

> … ich sitz in tausend Schmerzen;
> Und tausend fürcht' ich noch;

Schiebt sich die Angst vor, tritt sie an die Stelle der Hoffnung, – die doch unser Herzschlag ist, notwendig zum Atmen wie die Luft –, tritt Angst vor: dann ist Körper, Herz und Geist gleichermaßen getroffen:

> … die Kraft in meinem Herzen
> Verschwindt, der Geist verschmacht', die Hände sinken mir.

So endet die erste Strophe, der Alexandriner-Vers bröckelt ab, endet im Stimmlosen, der Kranke schweigt. Die zweite Strophe – die wieder vier Zeilen hat, während die dritte und vierte nur drei aufweisen, denn dieses Gedicht ist ein Sonett, streng und schön gebaut – die zweite Strophe beginnt wie nach einer Atempause. Die Beschreibung geht weiter – aber gleich tritt hier das eigentliche Thema des großen Barock-Sonetts vor: die Vergänglichkeit. Sie war das tiefste Bewußtsein jener Epoche, alle Erfahrung ging von ihr aus und endet in ihr. Und sind wir ehrlich mit uns und unserem Los, beherrscht die Vergänglichkeit uns, die wirs so weit gebracht haben, genauso; nur, wir trösten uns in der Vergeßlichkeit.

Hier nun, am Anfang der zweiten Strophe, beginnt das Thema leise, geht wieder aus von der unmittelbaren, ja körperlichen Erfahrung:

> Die Wangen werden bleich, der muntern Augen Zier
> Vergeht gleich als der Schein der schon verbrannten Kerzen.

Die abgebrannten Kerzen waren ein Bild, das den Barockdichtern treffend erschien, eines von vielen, das sie fanden, um ihr tiefes Gefühl vom Erlöschen, Schwinden, Enden des Lebens auszudrücken. Indes, mit dieser Zeile hat sich die

Klage, – die Freiheit der Klage sagten wir, vom Ich, vom einzelnen Menschen, von dem hier Sprechenden gelöst und wird allgemein, schwerer Besitz, schweres Erbe aller.

Die Seele wird bestürmt gleich wie die See im Märzen.
Was ist dies Leben doch, was sind wir, ich und ihr?

Ein zweites Bild trifft uns: das des sturmgepeitschten Meers im „Märzen", im März, unaufhörlich rollt über uns, unsere Seele, das Chaos der Dinge hin, ein Eindruck folgt dem nächsten, wie eine Woge der anderen – und wie sich festigen, bewahren? Kein Glaube an die Festigkeit, den möglichen Sieg, das innere Vermögen des Menschen trägt den hier Sprechenden, – alles drängt ihn hin zu der nächsten Frage, dem Höhepunkt, recht eigentlich des Ganzen, eine Frage, die schmerzlich, voller Spannung, schon die Antwort in sich birgt:

Was ist dies Leben doch, was sind wir, ich und ihr?

Die Stimme setzt ab, pausiert, wartet bis die Frage uns ganz erreicht hat, setzt dann wieder ein, drängend, sich steigernd:

Was bilden wir uns ein, was wünschen wir zu haben?

Die Stimme ist streng. Unsere Einbildungen, Wünsche, Sehnsüchte, das alles ist da und ist doch nichts, ohne Wert, ohne Gültigkeit, ohne Bestand. Denn:

Itzt sind wir hoch und groß, und morgen schon vergraben.
Itzt Blumen, morgen Kot. Wir sind ein Wind, ein Schaum.

– und in der nächsten Zeile, der ersten der vierten Strophe, folgen, aneinandergereiht, die Beispielbilder, wie Peitschenschläge:

> Ein Nebel und ein Bach, ein Reif, ein Tau, ein
> Schatten.

Alles flüchtig, so wie du, sagt die Stimme, nimmt ihre Bilder aus dem leichtesten, leisesten Bereich der Natur, Nebel, Reif, Tau, gar Schatten, kaum da, und schon vergangen, verweht und verwandelt ins Nächste, alles flüchtig, alles nichtig. Jetzt, wir sind vorbereitet, hebt sich die Stimme nochmals:

> Itzt was und morgen nichts.

Itzt, das heißt „jetzt", itzt was und morgen nichts: Klage des Barock, Klage jeder Zeit, solange Menschen leben, Zerbrechliche auf der zerbrechlichen Erde. Hier sind wir nur Gäste, für eine kurze Zeit, zerstörbar in jedem Augenblick, ohne Sicherheit und ohne Zuflucht. Die einzige Sicherheit, die wir haben, ist die Sicherheit des Endes, der Tod. Das stärkste, schlimmste Bild dieser Reihung war doch gewesen: „Itzt Blumen, morgen Kot." Tod also, Verwesung, Ende. Und wiederum, noch einmal nach dem „Itzt was und morgen nichts" setzt die Stimme ein, beendet die Zeile, beendet die Strophe, beendet das Gedicht:

> ... Und was sind unsere Taten
> Als ein mit herber Angst durchaus vermischter
> Traum.

Der Mensch soll tätig wirken, heißt es. Es gibt Epochen und die unsere gehört dazu, die das Tätig-Sein als höchstes Ziel, als höchstes Ausdrucksmittel des Menschen sehen. Aber die Gegenstimme läßt sich nicht unterdrücken, die weiß, wie fragwürdig alle Taten sind, auch sie der Vergänglichkeit zugesprochen; was der eine baut, reißt der andere wieder ein. Und nichts bleibt, so steht es fest, von unseren Mühen. Sinnlos? So würden wir heute sagen. Der Barockdichter findet dafür ein großartiges Bild:

> ... ein mit herber Angst durchaus vermischter Traum.

Traum also, von Angst durchsetzt, wäre es das, was wir als unsere eigentliche Wirklichkeit, unsere Beglaubigung ansehen? Schatten. Traum. Angst.

In diesem großartigen Sonett, in der kunstvoll gebauten Sprache artikuliert sich die Erfahrung der Nichtigkeit, des Nichts. Keine Zuflucht wird angeboten in der Gewißheit des Glaubens, in der Geborgenheit Gottes. Das ist auffallend an einem Kunstwerk jener Zeit, denn das Barock wandte sich stets in einem tiefen bewegenden hoffnungsvollen Aufschwung aus tiefster Not Gott zu. Nicht tiefer kann man fallen, so glaubte jene Zeit, als in Gottes Hand.

Dieses Gedicht kennt diese Hoffnung nicht. Die Klage, die keine Abschweifung duldet, bleibt das letzte Wort. Denkt so nicht auch im geheimen unsere Zeit, die heutige Zeit, wenn sie auch laut von anderem redet? Wenn es ernst wird, verschlägt es uns die Sprache, beim modernen Dichter setzt oft quälend die Stummheit ein. Indes, und auch dieses Gedicht hat gezeigt: In der Freiheit, sprechen zu können, liegt schon die Möglichkeit der Rettung. Die heißt hier: trotz allem, ich sage den Schmerz. Vielleicht banne ich ihn. Vielleicht kann auch das Gebot der Vergänglichkeit gemildert werden: durch das dichterische Wort, seine Strenge, seine Freiheit, seine Kunst.

Matthias Claudius
Kriegslied

Vor ungefähr zweihundert Jahren schrieb Matthias Claudius sein berühmtes „Kriegslied". Es spricht, wie jedes große Gedicht, mühelos über die Zeiten hin, löscht sie aus, wird wieder Gegenwart:

's ist Krieg! 's ist Krieg! O Gottes Engel wehre,
Und rede du darein!
's ist leider Krieg – und ich begehre
Nicht schuld daran zu sein!

Was sollt ich machen, wenn im Schlaf mit Grämen
Und blutig, bleich und blaß,
Die Geister der Erschlagnen zu mir kämen,
Und vor mir weinten, was?

Wenn wackre Männer, die sich Ehre suchten,
Verstümmelt und halb tot
Im Staub sich vor mir wälzten und mir fluchten
In ihrer Todesnot?

Wenn tausend tausend Väter, Mütter, Bräute,
So glücklich vor dem Krieg,
Nun alle elend, alle arme Leute,
Wehklagten über mich?

Wenn Hunger, böse Seuch' und ihre Nöten
Freund, Freund und Feind ins Grab
Versammleten, und mir zu Ehren krähten
Von einer Leich' herab?

Was hülf mir Kron' und Land und Gold und Ehre?
Die könnten mich nicht freun!
's ist leider Krieg – und ich begehre
Nicht schuld daran zu sein!

Dieses Gedicht ist Schrei, Klage, Anklage, Warnung, Bekenntnis, bei aller inneren Bewegtheit eingebunden in eine ruhige genaue Sprache, die sich mitteilen will und ihren eigenen Triumph ahnt. Das heißt: Das dichterische Wort ist mächtiger als die Wirklichkeit, es wird zuletzt übrigbleiben ...

Das „Kriegslied" ist so schwer zu fassen wie sein Autor. Matthias Claudius, geboren 1740, gestorben 1815, ein damals Unzeitgemäßer, ein Außenseiter, geliebt von vielen, verkannt von vielen. Er redigierte und schrieb den „Wandsbekker Boten" im Holsteinischen und machte bald in ganz Deutschland von sich reden. Er war einfach, nachdenklich, verspielt, scharfsinnig und genial. Er lebte mit Frau Rebecca und zehn Kindern auf dem Lande: Gartenspaziergänge, Hausmusik abends durch die geöffnete Kammertür in sternenhellen Nächten. Ein Friedfertiger, der Gott liebte und die sanfte Landschaft und die Stille des Abends, an blumengeschmückten Tischen jahraus jahrein Familienfeste feierte; und eines Tages setzte er sich in seine grüntapezierte Kammer und schrieb das fürchterliche, das abgründige „Kriegslied":

's ist Krieg! 's ist Krieg! O Gottes Engel wehre,
Und rede du darein!

Unerbittlich streng ist dieser weltberühmte Auftakt. Zweimal, in der Verdoppelung noch schrecklicher, tönt der Schrei: „'s ist Krieg! 's ist Krieg." Weiter nichts jetzt, noch wird nichts beschrieben, aber jeder weiß, was das bedeutet: zu Ende das Atmenkönnen, Lächelnkönnen, zu Ende die Ruhe der Landschaft, die Geborgenheit des Menschen auf seiner Erde. Die Not ist so groß, daß der Dichter, nach dem

Verstummen das Wort wiederfindend, sich sogleich an die überirdische, die schützende Macht wendet:

O Gottes Engel wehre –

Wehre, verwehre das alles, halt ein, schütze heißt das. Und offen bleibt die Zeile mit diesem Wort – „wehre" –, nach dem gleichsam innegehalten wird, um den Anruf verhallen zu lassen; dann wird die Verszeile ruhiger in die zweite übergeführt und dort beendet:

Und rede du darein!

Widerspreche, heißt das, fahre dazwischen, rede, damit das Kriegsgetöse wieder schweigt. Es heißt auch, nebenbei und verschwiegen: Menschenzungen können hier nichts mehr ausrichten, du bist dran, Engel! Und wieder kommt der Aufschrei, aber nun verändert:

's ist leider Krieg –

Leider –? Über dieses „leider" ist wohl mehr geredet, gestritten und geschrieben worden als über irgendein anderes Wort in irgendeinem deutschen Gedicht. Aber wir wollen es ganz einfach sagen. „Leider" – das Wort ist für uns schwach, ist verschlissen heute wie so viele Wörter in unserer ausgelaugten Sprache. Viele Wörter sind in die Bedeutungslosigkeit, viele in den Jargon entglitten. Aber für Claudius war das Wort noch stark und bedeutungsvoll, es drückte tiefbetrübtes, durchaus mit-leidendes Wissen aus, und er, meine ich, gebrauchte es in großer Einfachheit. Das Wort „Leid" ist ja in diesem Wort, zurückgenommen, aber doch ganz da.

's ist leider Krieg – und ich begehre
Nicht schuld daran zu sein!

Begehren ist ein starkes Wort für wünschen, wollen. Der hier spricht, begehrt – die Schuldfreiheit an all dem unmeßbaren Unglück. Schuldfrei will er sein, schuldlos – aber vor wem? Vor Gott und vor den Menschen. In diesen zwei Zeilen geschieht etwas Unerhörtes: Die Ohnmacht des Erleidenden wird erlöst, verwandelt in höchste Macht – in die Freiheit, nein zu sagen. So wird, könnte man fast sagen, aus dem Erleidenden der Handelnde. Das heißt: Ich gehe auf nichts ein, was meine Nächsten, meine Brüder antastet.

Diese erste Strophe, hat einmal jemand gesagt, wiegt schwerer als die fünf nächsten miteinander. Die nächsten vier Strophen hängen alle von der Eingangsfrage der zweiten ab:

> Was sollt ich machen, wenn – – –

Der Dichter unterstellt hier, eindringlicher, polemischer werdend, die Klage mit der Anklage kreuzend, er sei ein Mächtiger, ein Handelnder, ein Schuldiger gewesen, – was dann? Und er türmt, wie in einem Alptraum, eine Schreckensvision auf die nächste, Bilder des Grauens. Tote, Verstümmelte, Sterbende wälzten sich vor ihn, kreisten ihn ein, klagten ihn an, – was dann? Die fünfte Strophe steigert sich zu einem Schreckensbild, aus den Bewußtseinsschichten des Barock:

> Wenn Hunger, böse Seuch' und ihre Nöten
> Freund, Freund und Feind ins Grab
> Versammleten, und mir zu Ehren krähten
> Von einer Leich' herab?

Nach dieser höchsten Steigerung erlöschen die gräßlichen Bilder. Claudius' hoher Kunstverstand weiß, daß kein Wort mehr gesagt, daß kein Schritt weiter in diese Richtung gegangen werden darf. Der Höhepunkt verlangt die Pause. Erst dann setzt die Stimme wieder ein, löst sich von der Fiktion der letzten vier Strophen, die sechste, die Schluß-Strophe kehrt zum unmittelbaren Ich des Matthias Claudius zurück, schließt den Kreis des Gedichts.

Was hülf' mir Kron' und Land und Gold und Ehre?
Die könnten mich nicht freun!
's ist leider Krieg – und ich begehre
Nicht schuld daran zu sein!

Das ist jener berühmte, ganz ernste und innige Claudius'-sche Verzicht: Macht, Besitz und Ruhm will ich nicht, wenn ich durch diese irdischen Güter ein Handelnder, ein Schuldiger werden muß und meine Brüder in Not und Qual jage. Macht, Besitz und Ruhm will jeder, aber das alles ist eitel, ungültig, Spreu vor dem Wind – ich will nicht schuldig sein. Ist das viel? Ist das wenig? Es ist das Äußerste.

Das „Kriegslied" steht in einem inneren Zusammenhang mit den Liedern des Friedens, der Freundschaft, der Freude; sein großes Gegenstück ist das „Abendlied", das jeder kennt, das zweihundert Jahre lang geliebt, gesprochen und gesungen wurde, Franz Schubert hat es komponiert.

Der Mond ist aufgegangen,
Die goldnen Sternlein prangen
Am Himmel hell und klar –

So beginnt es, in jener fast kindlichen Einfachheit, die indes bei Claudius ein hintergründiger Kunstgriff ist. Das „Abendlied" ist eine Vision des Friedens und der Stille, eine der schönsten, die die deutsche Lyrik hat. Es endet, wir erinnern uns, so:

Kalt ist der Abendhauch.
Verschon uns, Gott! mit Strafen,
Und laß uns ruhig schlafen!
Und unsern kranken Nachbarn auch!

Diese Wendung am Schluß, diese Hinwendung zum leidenden Menschen, zum Bruder – spricht hier nicht die gleiche Leidenschaft und Liebe wie im Kriegslied?

Johann Wolfgang Goethe
Prometheus

Bedecke deinen Himmel, Zeus,
Mit Wolkendunst
Und übe, dem Knaben gleich,
Der Disteln köpft,
An Eichen dich und Bergeshöhn!
Mußt mir meine Erde
Doch lassen stehn
Und meine Hütte, die du nicht gebaut,
Und meinen Herd,
Um dessen Glut
Du mich beneidest.

So beginnt das große Prometheus-Gedicht des jungen Goethe, ein Rebellionsgedicht, Kampfansage. Er spricht in der Rolle des Prometheus, der nach der alten Sage sich gegen die Götter erhob, das Feuer vom Olymp entwendete und es den Menschen übergab – Vorbedingung des Lebens, des Kampfes, der Kultur der Sterblichen auf dieser Erde. Die erste Zeile schon ist eine direkte Anrede, eine spöttische Aufforderung an den Höchsten der Götter, an Zeus: Zieh Dich zurück hinter Wolken in Deinen Himmel, und, da Du offenbar immer mutwillig, sinnlos Dich äußern, Dich betätigen mußt, so halte Dich nun an Bäume und Berge. Aber meine Erde wirst Du unangetastet lassen, mein Haus, mein Feuer. Ich zerreiße das Band zwischen Göttern und Menschen, heißt das, bleibe Du dort oben, wir bleiben hier, wir leben, wir sind. Das „Wir" ist unausgesprochen, schwingt nur mit, „ICH" sagt der Rebell und in vier kurzen Verszeilen immer wieder das

Possessivpronomen: Meine Erde, meine Hütte, meinen Herd.

Dann, nach einer Pause, hebt die Stimme wieder an, schärfer, aggressiver:

Ich kenne nichts Ärmeres
Unter der Sonne als euch, Götter!
Ihr nähret kümmerlich
Von Opfersteuern
und Gebetshauch
Eure Majestät
Und darbtet, wären
Nicht Kinder und Bettler
Hoffnungsvolle Toren.

So sagt der Rebell: Eure Majestät, Euer Glanz hängt doch wohl von uns ab, Ihr wollt Opfer, Opfersteuern von uns und Gebete, aber – nur Kinder und Bettler, also die noch Ahnungslosen und die Allerärmsten, geben Euch, was Ihr verlangt, denn nur Unerfahrenheit und Not läßt Hoffnung zu, Ihr Götter, Hoffnung auf Euch! Nach diesem Angriff, rasend, in ganz kurzen, fast abgerissenen Sätzen herausgeschleudert, bebend vor Zorn, schon in einem unbewußten Erschrecken über das Lästernde, Ungeheuerliche, was da gesagt wurde, sinkt die Stimme ab. Wenn sie wieder ansetzt, ist sie leiser, nach innen gewandter, Trauer wird hörbar, Erinnerung:

Da ich ein Kind war,
Nicht wußte, wo aus noch ein,
Kehrt ich mein verirrtes Auge
Zur Sonne, als wenn drüber wär
Ein Ohr, zu hören meine Klage,
Ein Herz wie meins,
Sich des Bedrängten zu erbarmen.

Das ist die uralte Klage des Menschen, daß die bittenden, die hilfesuchenden Gebete nicht erhört werden, daß Erbarmen nicht ohne weiteres zuteil wird. „Ein Herz wie meins" heißt es, und meint: Sind wir nicht Ebenbilder Gottes? Nicht nach ihm gemacht? Müßte nicht auch dort ein erbarmendes antwortendes Herz sein, wenn es uns hier eingepflanzt wurde? Wieder formuliert sich die Bitterkeit; die Seelenbewegungen in dem unerhörten, in freien Rhythmen dahinstürzenden Gedicht finden immer wieder ihre vollendete Sprache:

Wer half mir
Wider der Titanen Übermut?
Wer rettete vom Tode mich,
Von Sklaverei?
Hast Du nicht alles selbst vollendet,
Heilig glühend Herz?
Und glühtest jung und gut,
Betrogen, Rettungsdank
Dem Schlafenden da droben?

„Hast Du nicht alles selbst vollendet, /Heilig glühend Herz" – das war die eine Seite des jungen Goethe, und der literarischen Epoche, die er hier genial einseitig fixierte: des Sturm und Drang. Gefühl ist alles, wird ein Mittelpunkt des Menschen, wird freigesetzt, individualisiert, sakralisiert: Heilig glühend Herz. Zweimal in zwei Zeilen wird das Wort „glühend" eingesetzt, aufflammen soll diese Sprache, Überflüssiges ausbrennen; *ein* Wort, „Betrogen" steht für alle Enttäuschungen eines jugendlichen Lebens, neue Wörter, Goethesche Erfindungen werden eingesetzt: „Rettungsdank". Dank für die Rettung bedeutet das, aber ein Irrtum war dieser Dank des Betrogenen – und der, dem er galt, hörte nicht, antwortete nicht, schlief: „Dem Schlafenden da droben–". Schlafend, ja, aber doch *da.* Dies ist entscheidend: Diese große Kampfansage gilt, wie heftig, wie bitter, wie rasend auch immer – dem nie bestrittenen, dem ewigen göttlichen Gegenüber. Erst anderthalb Jahrhunderte später wurde das anders – da sprach der Mensch, jetzt spricht der Mensch ins Leere.

Aber hier sind die Götter, ist Gott gegenwärtig, lebendiger Widersacher. Der unglaubliche, der tolle Monolog des Prometheus, des jungen Goethe bleibt immer ein Dialog. Nur: der andere antwortet nicht laut.

In der nächsten Strophe wird die Anrede unmittelbar und scharf:

Ich dich ehren? Wofür?
Hast du die Schmerzen gelindert
Je des Beladenen?
Hast du die Tränen gestillet
Je des Geängsteten?
Hat nicht mich zum Manne geschmiedet
Die allmächtige Zeit
Und das ewige Schicksal,
Meine Herrn und deine?

Das ist eine wunderbare Stelle: wie auf die provozierenden Fragen, die ja die Antwort wissen, die nur rhetorisch eingesetzt sind, dann die selbstbewußte Zeile folgt: „Hat nicht mich zum Manne geschmiedet /Die allmächtige Zeit /Und das ewige Schicksal ...“

Die nächste Strophe:

Wähntest du etwa,
Ich sollte das Leben hassen,
In Wüsten fliehen,
Weil nicht alle
Blütenträume reiften?

Wieder eine rhetorische Frage, die keine Antwort erwartet, die die ganze Lebensleidenschaft des jungen Goethe formuliert: ich lebe, ich stelle mich, durch alle Niederlagen, durch alle Vergeblichkeit, ich! Dann in der Schlußstrophe spricht er anfangs wieder in der unmittelbaren Rolle des Prometheus, der, wie eine griechische Überlieferung erzählt, das Menschengeschlecht selbst aus Ton formte und mit Zeus darüber in Streit geriet. Doch es spricht auch der Dichter, der formende Künstler:

Hier sitz ich, forme Menschen
Nach meinem Bilde,
Ein Geschlecht, das mir gleich sei,
Zu leiden, zu weinen,
Zu genießen und zu freuen sich,
Und dein nicht zu achten,
Wie ich!

Abgrenzung und Selbstbehauptung also, die formale Steigerung zeigt es. Das ist die entschiedene Seelenbewegung zum Ich hin:

Aber die Gegenbewegung, die Bewegung der Seele zur Hingabe, zur Selbstaufgabe tritt gleichzeitig im Bewußtsein und der künstlerischen Formulierung Goethes auf, in der großen Hymne „Ganymed" und in den Liebesgedichten. Denn erst da, wo Selbstbehauptung und Hingabe sich geheimnisvoll ergänzen, ist der ganze Mensch präsent. In diese Polarität wurde er gestellt, hier hat er sich zu finden. Die Selbstbewußtheit der Sprache, die plastische, trotzige, verknappte Äußerung im „Prometheus" wird aufgebrochen werden in die leidenschaftliche, die hingebungsvolle Gegenwelt der Liebe.

Johann Wolfgang Goethe
Willkommen und Abschied

Es gibt Gedichte, die sperren sich gegen Erklärungen, Erläuterungen, Interpretationen, sie sind verwundbar durch viele Worte, die um sie herum gesprochen werden. Das sind oft die schönsten, die vollkommensten, die unmittelbarsten Gedichte; die, die nicht Gedanken äußern, sondern Gefühle, die Seelenbewegungen und Seelenbilder leicht und hell in Sprache umsetzen, in Melodie. Sie sind wie „aus dem Nichts entsprungen“, unwiderruflich, unerklärlich. Nur der, der hören kann, faßt sie gleich, antwortet darauf, ganz von innen her, Freude packt ihn, vielleicht – und Freude kann weit tragen. Das alles gilt sehr oft für die Lyrik Goethes – aber sollen wir deshalb nicht mehr über sie sprechen? Gerade diese weltberühmten hinreißenden Gebilde ins Schweigen treiben? Weil sie so spontan, so unwiderruflich, so vollkommen sind? Hier ein Jugendgedicht, ein Liebesgedicht, Goethe schrieb es mit 21 Jahren, es erzählt eine ganze Geschichte:

Willkommen und Abschied

Es schlug mein Herz, geschwind zu Pferde!
Es war getan fast eh gedacht.
Der Abend wiegte schon die Erde,
Und an den Bergen hing die Nacht:
Schon stand im Nebelkleid die Eiche,
Ein aufgetürmter Riese, da,
Wo Finsternis aus dem Gesträuche
Mit hundert schwarzen Augen sah.

Die erste Strophe, acht Zeilen, ein Aufbruch also. Jemand schwingt sich aufs Pferd, unruhig, ungeduldig – „Es schlug mein Herz". Und dann der Ritt: Geschildert wird das, was der Reiter sieht, vielleicht hören wir im Gedichtanfang, wie sein Herzschlag und der Hufschlag des Pferdes zusammenfallen. Er sieht: Die Dämmerung fällt ein, an den fernen Bergen hängt die Nacht, seltsam ist alles verändert, warum? Die Eiche im Nebel ist wie ein hoher Riese, aus dem Gesträuch blickt Finsternis „mit hundert schwarzen Augen". Unruhig ist sein Herz, Seelenbilder tauchen auf, werden in der sichtbaren Natur erst deutlich, fallen mit ihr zusammen, die Seele ändert, verändert die Wirklichkeit. Wir wissen noch nicht, wohin der Ritt geht, aber ein gleichgültiger ist er nicht, die Sprache nimmt das Tempo des Herzens, die Ungeduld auf.

Die zweite Strophe:

Der Mond von einem Wolkenhügel
Sah kläglich aus dem Duft hervor,
Die Winde schwangen leise Flügel,
Umsausten schauerlich mein Ohr;
Die Nacht schuf tausend Ungeheuer,
Doch frisch und fröhlich war mein Mut:
In meinen Adern welches Feuer!
In meinem Herzen welche Glut!

Die Natur ist belebt, herrlich und geheimnisvoll bewegt, die Bilder, die der Reiter sieht, scheinen sich rätselhaft nach ihm selbst zu richten – nach seiner momentanen Ausgeliefertheit, Weichheit, Ahnung. Kläglich – der Mond, schauerlich die Winde. Ganz direkt dann: „Die Nacht schuf tausend Ungeheuer" – und dann, genau hier in der sechsten Zeile, springt das Gefühl um: „Doch frisch und fröhlich war mein Mut" – in einer ersten Fassung des Gedichts hatte es, schöner eigentlich, geheißen: „doch tausendfacher war mein Mut". Der Reiter faßt sich, setzt sein Ich, sein Herz, freier werdend, gegen die andrängende, beängstigende Umwelt – Feuer in meinen Adern, Glut in meinem Herzen. Wir ahnen schon die kommende Begegnung – der Reiter ist am Ziel:

Dich sah ich, und die milde Freude
Floß von dem süßen Blick auf mich;
Ganz war mein Herz an deiner Seite
Und jeder Atemzug für dich.
Ein rosenfarbnes Frühlingswetter
Umgab das liebliche Gesicht,
Und Zärtlichkeit für mich – ihr Götter!
Ich hofft es, ich verdient es nicht!

„Dich sah ich“ – in diesen drei Worten, das wichtigste, Dich, vorangestellt gipfeln die ersten beiden Strophen, endet der Ritt, die Erwartung, die Verschattung, die Angst, die Unruhe: Dich sah ich – eine zauberhafte Ruhe tritt ein, eine rhythmische Pause folgt; und dann erst wird dieses Geschöpf, das geliebte Mädchen, diese Friederike Brion, so hieß sie, die Pfarrerstochter aus Sesenheim beschrieben. – Und in welche Sanftheit, welche Stille wendet sich jetzt die Sprache. Hier bei ihr ist es heiter und still. Und das Bekenntnis, mittendrin eingebettet: „Ganz war mein Herz an deiner Seite / Und jeder Atemzug für dich“ – und kurz darauf die Beschreibung ihrer Antwort: „Und Zärtlichkeit für mich – ihr Götter!“

Erstaunlich doch in dieser Seligkeit die Schlußzeile der dritten Strophe: „Ich hofft es, ich verdient es nicht.“ Ist es schon eine Ahnung davon, daß er nicht bleiben wird, weder auf diesem Ritt, noch jemals? Daß er Friederike, diese zauberhafte, diese innig Geliebte verlassen wird, denn er, Goethe, bindet sich nicht, bindet sich nie, er muß fort, weiter, und allein bleiben. Und also, beschreibend, erzählend fast in der vollendeten lyrischen Form die vierte Strophe, der Abschied – am Morgen:

Doch ach, schon mit der Morgensonne
Verengt der Abschied mir das Herz:
In deinen Küssen welche Wonne!
In deinen Augen welcher Schmerz!
Ich ging, du standst und sahst zur Erden,

Und sahst mir nach mit nassem Blick:
Und doch, welch Glück, geliebt zu werden!
Und lieben, Götter, welch ein Glück!

Eine Szene, so könnte man sagen, hören wir, nimmt man sie unmittelbar, ist es eine genaue Szene seines Lebens. Er, der junge Straßburger Student, ritt oft hinaus nach Sesenheim, Willkommen im Pfarrhaus, Wiedersehen mit Friederike, Abschied.

„Liebe neue Freundin", so schrieb er in einem Brief in diesen Monaten 1770/71, „ich zweifle nicht, Sie so zu nennen; denn wenn ich mich anders nur ein klein wenig auf die Augen verstehe: so fand mein Aug, im ersten Blick, die Hoffnung zu dieser Freundschaft in Ihrem, und für unsere Herzen wollt ich schwören –"

Nun, für seines konnte er nicht schwören, die Bilder flohen, auch dieses: Friederike.

Und wieder in einem Brief: „– ich bin zu sehr wachend, als daß ich nicht fühlen sollte, daß ich nach Schatten greife."

Sesenheim, das anmutige bescheidene Städtchen im Elsaß hat heute eine Straße, die nach der Freundin benannt ist, und eine kleine Gedenkstätte. An einer Längswand eine Inschrift in französisch, untereinander gesetzte Wörter. Auf deutsch lauten sie:

Goethe im Elsaß
2. April 1770
14. August 1771
Diderot
Herder
Rousseau
Shakespeare
Die Kathedrale
Die Erde und der Himmel
Friederike Brion
Das Erwachen des Genies.

Das ist es: Jetzt spricht sich seine Lyrik frei, ein Genie artikuliert sich, innere Vorgänge entwerfen große Bilder, eine neue Epoche beginnt für das deutsche Gedicht.

Johann Wolfgang Goethe
Aus dem „West-Östlichen Divan“

Nicht von einem einzelnen Gedicht soll hier die Rede sein, sondern von einem kleinen Dialog, einer Wechselrede: Sie spricht, er spricht. Der Dialog gehört in den großen Gedichtzyklus Goethes, dem er den seltsamen Titel: „West-Östlicher Divan“ gegeben hat. „Divan“ heißt eine Versammlung, Sammlung von Gedichten, ist ein persisches Wort, und Goethe wurde durch den alten persischen Dichter Hafis und durch umfangreiche orientalische Studien zu diesem Titel bestimmt. Persisch sind auch die Namen der beiden, die hier sprechen: Suleika und Hatem. Suleika beginnt:

> Volk und Knecht und Überwinder
> Sie gestehn, zu jeder Zeit:
> Höchstes Glück der Erdenkinder
> Sei nur die Persönlichkeit.
>
> Jedes Leben sei zu führen,
> Wenn man sich nicht selbst vermißt;
> Alles könne man verlieren,
> Wenn man bliebe was man ist.

Und nun Hatems Antwort:

> Kann wohl sein! so wird gemeinet;
> Doch ich bin auf andrer Spur:
> Alles Erdenglück vereinet
> Find ich in Suleika nur.
>
> Wie sie sich an mich verschwendet,
> Bin ich mir ein wertes Ich;
> Hätte sie sich weggewendet,
> Augenblicks verlör ich mich.

Diese Wechselrede steht im „Buch Suleika“ des Divan – das heißt in jenem Abschnitt, der ganz der Leidenschaft gewidmet ist. Diese Leidenschaft war kein Traum und keine Abstraktion – 1815, Goethe war 66 Jahre alt, hatte ihn eine neue große Liebe erfaßt: zu Marianne von Willemer. Sie ist die „Suleika“ des Divan, einige Gedichte stammen von ihr, hier war eine Begegnung höchsten Ranges Wirklichkeit geworden. Und ob sie gleich längst der Vergänglichkeit anheimgefallen ist – die Sprache, das kunstvoll Gefügte und leidenschaftlich Bewegte bewahrt die Erinnerung. Der Ton ist nachdenklich und heiter über allem Ernst, die Lust am Spiel, am Verbergen und Finden, am Provozieren und Richtigstellen durchziehen den ganzen Divan. Also sagt Suleika hier, recht eifrig, allzu eifrig vielleicht:

Volk und Knecht und Überwinder
Sie gestehn, zu jeder Zeit:
Höchstes Glück der Erdenkinder
Sei nur die Persönlichkeit.

Diese Strophen sind außerordentlich bekannt – sie werden immer wieder zitiert – bei Festansprachen jeder Art, als zusammengeballtes Zitat, das die Goethesche Weltanschauung in Kürze und schlagend beweisen soll, – und doch sagen sie, so zitiert, nur die halbe Wahrheit. Immerhin, die kluge Suleika nennt Sieger und Besiegte und das ganze Volk auf einmal, alle seien sie sich einig – ja worin? Einmal, daß es ein „höchstes Glück“ gäbe für die „Erdenkinder“, ein ganz rührender, fast kindlich-verspielter Ausdruck; und zum anderen, daß über dieses Glück kein Zweifel bestehen könne: es sei nämlich „die Persönlichkeit“. Ja, was ist das?

„Mich selbst, ganz wie ich da bin, auszubilden, das war dunkel, von Jugend auf mein Wunsch und meine Absicht“: das ist ein berühmtes Wort Goethes, der Persönlichkeitsbegriff der Klassik füllt viele Bände mit klügsten scharfsinnigsten Definitionen; aber Suleika sagt das hier in diesem geheimen, ja augenzwinkernden Rollenspiel – und die herrliche Vergnügtheit des Wechselgesprächs verzichtet von vornherein auf allzu großen Ernst. Suleika hat wohl selbst das Gefühl, sie müsse dieses Stichwort „Persönlichkeit" weiter erläutern, drum sagt sie:

Jedes Leben sei zu führen,
Wenn man sich nicht selbst vermißt;
Alles könne man verlieren,
Wenn man bliebe was man ist.

Das ist wohl der Preis des „Ich", rund, abgeschlossen, für sich, nicht von Träumen fortgerissen, noch von Verzweiflung: alles könnte man aufgeben, nur nicht sich selbst, sagt Suleika. Und wäre nicht sie es, diese zärtliche schillernde Person, könnte man jetzt gewichtige Interpretationen anhängen: über das Höchste, was der Sterbliche sein nennt – das unangefochtene Ich.

Doch ach, so ist es nicht gemeint. Hatem, und das ist Goethe selbst, antwortet umgehend; wehrt die nur halbtröstliche Allerweltsphilosophie ab; spöttisch:

Kann wohl sein! so wird gemeinet;
Doch ich bin auf andrer Spur:

Und jetzt ertönt das Bekenntnis des Mannes, Hatems, Goethes. Dieses Bekenntnis wischt alles weg, was wir an Wesentlich-Wichtigem, an Grundsätzlichem, Weltanschaulichem erwarten könnten:

Alles Erdenglück vereinet
Find ich in Suleika nur.

Also: weg mit der Persönlichkeit, mit dem unangefochtenen Ich; wenn es um Glück geht, um das „Erdenglück" – das ist die Antwort auf die „Erdenkinder" – kenne ich nur eins, einen Brennpunkt, eine Mitte, sie, Suleika. Ich, sagt Hatem, finde mich nur im Du.

Und da ist die Erläuterung:

Wie sie sich an mich verschwendet,
Bin ich mir ein wertes Ich;
Hätte sie sich weggewendet,
Augenblicks verlör ich mich.

Kann die Liebe schöner umschrieben werden, inniger, indirekter? Die Zuwendung des anderen erst steigert mich so, vertieft mein auseinanderstrebendes Ich so, daß ich mich selbst als „wert“ empfinde – aber wendete sie sich ab, verlöre ich mich ganz. Nur durch dich, sagt Hatem, bin ich überhaupt ich selber.

Goethes kleine oder große Verszeilen sind so präzis, so unwiderruflich, daß alles, was man über sie sagen kann, fast wie unnützes Beiwerk sich ausnimmt. Erst recht gilt dies für eine mögliche Interpretation, eine mögliche Paraphrase der beiden vierzeiligen Strophen, die Goethe später angefügt hat. Sie sind Maske und Verkleidungsspiel, Spaß und Ernst, Wandlungsspaß; wollen nicht mehr und nicht weniger besagen, als daß Hatem sich immer in das oder den verwandeln will, dem Suleika nun gerade ihre Gunst zuwendet, wer auch immer es sei, der eine, der andere, ein dritter – Theologe, Dichter, oder gar der Kaiser –

Nun mit Hatem wärs zu Ende;
Doch schon hab ich umgelost:
Ich verkörpre mich behende
In den Holden, den sie kost.

Wollte, wo nicht gar ein Rabbi,
Das will mir so recht nicht ein,
Doch Ferdusi, Motanabbi,
Allenfalls der Kaiser sein.

Ich bin, den du liebst; ich werde sein, wen immer du liebst. Dieses kleine Zwiegespräch aus dem „West-Östlichen Divan" will (nehmt alles nur in allem) nichts weiter besagen als dies, für uns: Laßt euch nicht verführen von großen Worten. Nur wenn das innerste Gefühl spricht, die Liebe, werden wir, du und ich, ganz wir selbst.

Johann Wolfgang Goethe
Prooemion

März 1816: Goethe ist 66 Jahre als. Er hat die große, hinreißende Begegnung mit Marianne von Willemer, der „Suleika" des „Divan", vor wenigen Monaten erlebt, noch nicht überwunden; ihre Briefe, seine Antworten, diese chiffrierte, innige Korrespondenz besetzt sein Herz. Er ist gerade zum Staatsminister ernannt worden, ist seit Jahrzehnten nächster Freund und Berater des Großherzogs Carl August, ist geistiger und praktischer Beweger von nahezu allem, was sich im Lande Sachsen-Weimar tut und begibt; Weimar ist ein geistiger Mittelpunkt Europas, und er, Goethe, eine Weltberühmtheit. Kaiser und Könige, Dichter und Gelehrte aus allen Ländern kommen zu ihm.

In diesen Monaten beschäftigt er sich erneut viel mit naturwissenschaftlichen Untersuchungen. Er macht Wolkenstudien, Farbenstudien, botanische Studien: Die Welt muß durch die Sinne erfaßt werden. Gleichzeitig arbeitet Goethe an der „Italienischen Reise", oft läßt er sich Kompositionen von Bach und von Händel vorspielen.

Soweit können wir, in aller Unzulänglichkeit, die Zeit skizzieren, in der Goethe dieses „Prooemion" in sich entwarf, formulierte, niederschrieb.

Im Namen dessen, der Sich selbst erschuf!
Von Ewigkeit in schaffendem Beruf;
In Seinem Namen, der den Glauben schafft,
Vertrauen, Liebe, Tätigkeit und Kraft;
In Jenes Namen, der, so oft genannt,
Dem Wesen nach blieb immer unbekannt:
So weit das Ohr, so weit das Auge reicht,

Du findest nur Bekanntes, das Ihm gleicht,
Und deines Geistes höchster Feuerflug
Hat schon am Gleichnis, hat am Bild genug;
Es zieht dich an, es reißt dich heiter fort,
Und wo du wandelst, schmückt sich Weg und Ort;
Du zählst nicht mehr, berechnest keine Zeit,
Und jeder Schritt ist Unermeßlichkeit.

Wir sehen: Es ist offenbar ein philosophisches Gedicht, es sagt Gedanken, präzisiert eine Weltanschauung. Als es zum ersten Mal gedruckt wurde, 1817, stand es als Einleitungsgedicht des ersten Hefts der Goetheschen Zeitschrift „Zur Naturwissenschaft überhaupt". Gedankenlyrik – sicher, und gleichzeitig reißt uns das Nicht-Gesagte, Klang, Musikalität, Rhythmus fort – ins Freie, ins Offene.

„Im Namen dessen ...", „In Seinem Namen ...", „In Jenes Namen ..." so beginnt die erste, die dritte, die fünfte Zeile der ersten Strophe – aber nicht gesagt, nicht ausgesprochen wird das, was den biblischen, den liturgischen Wendungen folgen würde: In Seinem Namen spreche ich, der Dichter; denn des Dichters Aufgabe ist die Interpretation, die Deutung der Welt.

So besteht dieses Gedicht aus zwei ganz verschiedenen gedanklichen Bewegungen, die indes wunderbar ineinander greifen. Die erste Strophe umschreibt das göttliche Wesen, die zweite ist das daraus folgende Bekenntnis des Menschen: Ich sah, ich hörte, ich dachte und das ist, was ich nun glaube.

Diese erste Strophe nennt „Gott" nicht direkt, nicht unmittelbar. Die Scheu vor der „Unzulänglichkeit der Sprache" – so Goethe selbst – führt zu einer gewissen Verschwiegenheit, zur indirekten Annäherung:

Im Namen dessen, der Sich selbst erschuf!
Von Ewigkeit in schaffendem Beruf;
In Seinem Namen, der den Glauben schafft,
Vertrauen, Liebe, Tätigkeit und Kraft –

Das sind die ersten vier Zeilen – das ist der Ernst und die heitere Sicherheit der großen Hymnen und ist zugleich unverwechselbar goethisch. Das Schöpferische, Schaffende tritt sogleich vor, Eigenschaften, die im menschlichen Geschöpf spiegelbildlich „Tätigkeit und Kraft" ermöglichen, aber auch Glauben, Liebe und das innige Vertrauen – dies alles, so könnte man sagen, sind Voraussetzungen für die rätselhafte, die unverzichtbare Begegnung zwischen Gott und Mensch.

In jenes Namen, der, so oft genannt,
Dem Wesen nach blieb immer unbekannt –

Alle Religionen, heißt das, alle Menschen nennen ihn, doch er bleibt der verborgene, der unbekannte Gott. So also spricht, eine Weltdeutung versuchend, der Dichter – und die große zweite, die Bekenntnisstrophe setzt ein:

So weit das Ohr, so weit das Auge reicht,
Du findest nur Bekanntes, das Ihm gleicht,
Und deines Geistes höchster Feuerflug
Hat schon am Gleichnis, hat am Bild genug;

Hier spricht der Dichter und der Naturforscher. In einer naturwissenschaftlichen Arbeit Goethes heißt das in Prosa so: „Das Wahre, mit dem Göttlichen identisch, läßt sich niemals von uns direkt erkennen, wir schauen es nur im Abglanz, im Beispiel, Symbol, in einzelnen und verwandten Erscheinungen; wir werden es gewahr als unbegreifliches Leben und können dem Wunsch nicht entsagen, es dennoch zu begreifen ..."

Und deines Geistes höchster Feuerflug
hat schon am Gleichnis, hat am Bild genug –

das ist auch der reife Mann, der Goethe der späteren Jahre, der ein Leben lang auf der Suche nach dem Absoluten gewesen war. Nun erkennt er, gestillt, das Absolute im Gleichnis, im Bild, im „farbigen Abglanz“, wie es dann, Jahre später, im Anfangsmonolog des „Faust“, im zweiten Teil der Tragödie heißen wird.

Wenn diese Erkenntnis, dieses Sich-Bescheiden, wenn dieser Schritt gelungen ist, fallen alle Schranken, jeder Zwang, endet das bittere Gefühl des Menschen, ein Fremder auf der Erde zu sein. Und es folgen hier die wunderbaren, die weltberühmten letzten vier Zeilen des Gedichts, Steigerung und Freiheit beschreibend. Alles fügt sich, „Und wo du wandelst, schmückt sich Weg und Ort“ heißt es, nicht Schmerz und Chaos herrschen, sondern Schönheit und Ordnung: Kosmos; der Augenblick ist Ewigkeit.

Noch einmal diese letzten vier Zeilen:

Es zieht dich an, es reißt dich heiter fort,
Und wo du wandelst, schmückt sich Weg und Ort;
Du zählst nicht mehr, berechnest keine Zeit,
Und jeder Schritt ist Unermeßlichkeit.

Eigentlich ist das alles viel zu schön zum Interpretieren, die Worte sprechen für sich. Die tiefe, die vertrauenssichere Bewegung am Schluß, die ungeheure Freude, sie kann nicht beschrieben, nur selbst erfahren werden. Aber wer hätte das noch nie erlebt: das Wunder, daß alles sich fügt, alles atmet, schwingt und glänzt; und man selbst in dieser Bewegung, und in diesem Gefühl: „Und jeder Schritt ist Unermeßlichkeit.“

Johann Wolfgang Goethe
Wer von der Schönen zu scheiden verdammt ist

Ich will es gleich gestehen, daß ich diesmal, einigermaßen tollkühn, ein Gedicht ausgesucht habe, von dem ich, jeden Augenblick mehr, überzeugt bin, daß ich es nicht interpretieren kann. Genauer gesagt, daß es uninterpretierbar ist. Es gibt so mitreißend leidenschaftliche Kunstgebilde, die so ganz alles sagen was sagbar ist, daß sich der Interpret, ein wenig geduckt und ängstlich, gleich wie einer vorkommt, auf den das berühmte Wort des großen Franzosen Paul Valéry zutrifft: „In der Schule und der Universität gerät die Dichtung in die Hände von Mördern".

All das gilt immer wieder und in höchstem Maße für die Lyrik Goethes, die Liebeslyrik zumal – und doch habe ich nun einmal dieses eine Stück herausgesucht und muß wohl dazu stehen. Der große Antrieb und der große Reiz waren durchaus, daß wir diesen wunderbaren Text wieder einmal lesen, aufnehmen, ja vielleicht auch beantworten können.

Wer von der Schönen zu scheiden verdammt ist,
Fliehe mit abegewendetem Blick!
Wie er, sie schauend, im Tiefsten entflammt ist,
Zieht sie, ach! reißt sie ihn ewig zurück.

Frage dich nicht in der Nähe der Süßen:
Scheidet sie? scheid' ich? Ein grimmiger Schmerz
Fasset im Krampf dich, du liegst ihr zu Füßen
Und die Verzweiflung zerreißt dir das Herz.

Kannst du dann weinen und siehst sie durch Tränen,
Fernende Tränen, als wäre sie fern:
Bleib! noch ist's möglich! Der Liebe, dem Sehnen
Neigt sich der Nacht unbeweglichster Stern.

Fasse sie wieder! Empfindet selbander
Euer Besitzen und euren Verlust!
Schlägt nicht ein Wetterstrahl euch auseinander,
Inniger dränget sich Brust nur an Brust.

Wer von der Schönen zu scheiden verdammt ist,
Fliehe mit abegewendetem Blick!
Wie er, sie schauend, im Tiefsten entflammt ist,
Zieht sie, ach! reißt sie ihn ewig zurück.

Das ist das Gedicht. Es ist eigentlich gar kein Gedicht, sondern ein Stück aus „Pandora", einem kurzen, nicht vollendeten Drama Goethes, ein Versspiel, scheinbar vom Antikisch-Mythologischen ausgehend, indes höchst differenzierte Gefühlslagen des modernen Ichs reflektierend und durchführend. Das jambisch hochrhythmisierte, andeutend reimgebundene Gedicht, diesen lyrischen Monolog gewissermaßen, spricht in der „Pandora", die Goethe selbst meist „Pandoras Wiederkunft" nannte, Epimetheus, der Alternde, Träumerisch-Verweilende, sehnsüchtig der Gattin, der göttergleichen Pandora nachsinnend, die ihn einst verließ. Die Pandora-Dichtung soll uns hier nicht beschäftigen, nur den Kontext bieten. Die Arbeit entstand 1807/1808, Goethe näherte sich den Sechzig; auch das eine Phase des Angetastetwerdens, der Verletzungen, der Betroffenheiten. Seit 1806 gehörte Sachsen-Weimar zum Einflußgebiet Napoleons, nach der Schlacht bei Jena war Weimar geplündert worden, Goethes Haus mit den Manuskripten nur mit Mühe gerettet; er hatte, in diesen Zeiten der Auflösung ein Zeichen der äußeren Ordnungsstruktur gegeben und seine Christiane Vulpius, die langjährige Haus- und Lebensgefährtin geheiratet. Und doch, das waren vielleicht nur Randbezirke dieses unendlich offenen und zugleich tief verzweigten Lebens. Licht und Schatten der Leidenschaft zogen immer wieder über ihn hin, bekennend und verrätselnd wie stets hat er später über diese Lebens- und Arbeitsphase gesagt: „ ‚Pandora' sowohl als die

‚Wahlverwandtschaften' drücken das schmerzliche Gefühl der Entbehrung aus."

Es würde wenig sagen, wollte man diese Äußerung und die Werke dieser Zeit mit dem Namen einer Freundin in näheren Zusammenhang bringen. Wohl war es die Zeit der Freundschaft zu Minchen Herzlieb, der Neigung zu Silvie von Ziegesar. Die lyrischen Äußerungen sprechen Grundsätzliches aus, rückblickend und vorausschauend, – formulieren das Wissen von Erfüllung und Verlust.

Wer von der Schönen zu scheiden verdammt ist,
Fliehe, mit abegewendetem Blick!

Immer wieder ist Trennung die Folge der leidenschaftlichen Begegnung. Das lyrische Ich, das hier spricht, ist wohl das Erfahrene, Wissende – aber der überaus große Reiz des Gedichts liegt im Zwiespalt: Der Schmerz überwältigt Mäßigung, Verzicht. Fliehe also, doch schließe die Augen, die so unbestochen Glück und Gestalt aufnehmen, – denn:

Wie er, sie schauend, im Tiefsten entflammt ist,
Zieht sie, ach! reißt sie ihn ewig zurück.

Schön in der letzten Zeile der unbefangen sich steigernde Gebrauch der Verben, ziehen, und reißen, die dann ganz unerwartet im „ewig" aufgehen, so eine Dauer jenseits der realen Situtation vielleicht ahnen lassen.

Frage dich nicht in der Nähe der Süßen:
Scheidet sie? scheid ich? Ein grimmiger Schmerz
Fasset im Krampf dich, du liegst ihr zu Füßen
Und die Verzweiflung zerreißt dir das Herz.

Höchste Ausdrucksfreiheit, die Reihung: grimmiger Schmerz, Krampf und bis zu „Verzweiflung zerreißt dir das Herz". Nach der höchsten Spannung, die zum Zusammenbruch führt, die lösenden Tränen, die, anratend, sich selbst gelten:

> Kannst du dann weinen und siehst sie durch Tränen,
> Fernende Tränen, als wäre sie fern:

Und hier, nach dem wunderbar sprachschöpferischen „fernende“ Tränen, hier, in der Mitte genau der dritten Strophe, also in der Mitte des ganzen Gedichts, nach Verzweiflung und Tränen stürzt jäh der Stimmungsumbruch über das liebende Ich herein:

> Bleib! Noch ist’s möglich! Der Liebe, dem Sehnen
> Neigt sich der Nacht unbeweglichster Stern.

Hoffnung steigt auf, daß ein Aufschub zu erreichen wäre. Und fast wider besseres Wissen tritt Beruhigung ein, die Sprache blüht auf zu einer jener unvergleichlichen goetheschen Zeilen:

> Der Liebe, dem Sehnen
> Neigt sich der Nacht unbeweglichster Stern.

Das ist im sicheren Indikativ gesprochen, ohne Zweifel und blinde Verzweiflung, weit über diesen eigentlichen Text und seine Aussageabsicht hinausgehend: Wenn das streng Überirdische, der „Nacht unbeweglichster Stern“ sich neigen wird, dann der Liebe, dem Gefühl, das Gnade anzieht und Gnade dankend beantworten kann.

Die nächste, die vierte Strophe variiert das Verweilen unter dem Gnadenstern, aber wieder begleitet von der dunkleren Stimme der Vergänglichkeit:

> Fasse sie wieder! Empfindet selbander
> Euer Besitzen und euren Verlust!

Wißt, heißt das, doch akzeptiert und lebt es gemeinsam, im innigen, unaufhebbaren Gefühl: euer Besitzen und euren Verlust!

Und dann ungeduldiger, bewegter, wiederum:

> Schlägt nicht ein Wetterstrahl euch auseinander;
> Inniger dränget sich Brust nur an Brust.

Indes: Vergänglichkeit des Gegenwärtigen, Erfüllten ist ein Weltgesetz, wenn auch die große Begegnung im Transzendenten, in ganz anderen Bereichen aufgehoben und bewahrt bleibt. Und so muß, um den Kreis zu schließen, die fünfte, die letzte Strophe die Klage wiederholen:

> Wer von der Schönen zu scheiden verdammt ist,
> Fliehe mit abegewendetem Blick!
> Wie er, sie schauend, im Tiefsten entflammt ist,
> Zieht sie, ach! reißt sie ihn ewig zurück.

Worte einer Zeit, die vergangen ist? Fremde Worte? Ich glaube es nicht. Nach wie vor sind es unsere Worte.

Karoline von Günderode
Der Luftschiffer

Karoline von Günderode, geboren 1780, gestorben 1806, weltverliebt und todverliebt, den Wirklichkeiten feindlich gegenüber, ganz dem Traum überantwortet – einem Traum, der jede Geduld zerstörte und die Langmut des Leben-Wollens erst recht.

Gefahren bin ich in schwankendem Kahne
Auf dem blaulichen Ozeane,
Der die leuchtenden Sterne umfließt,
Habe die himmlischen Mächte begrüßt.
War in ihrer Betrachtung versunken,
Habe den ewigen Äther getrunken,
Habe dem Irdischen ganz mich entwandt,
Droben die Schriften der Sterne erkannt
Und in ihrem Kreisen und Drehen
Bildlich den heiligen Rhythmus gesehen,
Der gewaltig auch jeglichen Klang
Reißt zu des Wohllauts wogendem Drang,
Aber ach! es ziehet mich hernieder,
Nebel überschleiert meinen Blick,
Und der Erde Grenzen seh ich wieder,
Wolken treiben mich zurück.
Wehe! das Gesetz der Schwere
Es behauptet nur sein Recht,
Keiner darf sich ihm entziehen
Von dem irdischen Geschlecht.

„Der Luftschiffer" heißt das Gedicht, und zunächst könnte man in dem klaren beschreibenden Ton der noch klassischen Sprache ein erfahrenes Erlebnis vermuten, Umgang mit der Wirklichkeit also, damals schon möglich, seitdem die Brüder Montgolfier mit ihrem Heißluftballon eine kleine Gondel, erst mit Tieren, dann mit Menschen in die Luft schickten: Das war 1783 in Paris, aber die Montgolfière schwebte auch in deutschen Wolken.

Nun haben wir indes den Verdacht, daß unsere kluge und gelehrte Dichterin, das Stiftsfräulein im Kronstettischen adelig evangelischen Damenstift, die nervöse großäugige Schwärmerin sich keineswegs je in eine Montgolfière begeben hat. Nein, sie blieb auf den staubigen Straßen, den schattigen Parkwegen, auf der Erde also, die ihr nie zur Heimat wurde, wie sie immer wieder sagte.

Sie beschrieb kein Erlebnis, sie sprach von einem inneren Bild, Gegenbild, Gegenpol, einer Möglichkeit:

> Gefahren bin ich in schwankendem Kahne
> Auf dem blaulichen Ozeane,
> Der die leuchtenden Sterne umfließt,

Wie auffallend und wie sicher bezeichnend: Ein Ich-Gedicht ist dieses Luftschiffer-Gedicht, und eine Luftschifferin spricht. Die erste Langzeile mit den vielen gedehnten a-Lauten läßt uns schon ein wenig vom Irdischen Abstand nehmen – und der schwankende Kahn, der „auf dem blaulichen Ozeane“ dahinfährt, ist ein Schiff, das sich in die Lüfte erhebt, eine feine Spiegelung. Die Luftschifferin nähert sich den leuchtenden Sternen und „begrüßt“ nun die himmlischen Mächte – wie frei ist die Luftschifferin, wie stolz! Das Schauen wandelt sich dann in die stillere Betrachtung.

> Habe den ewigen Äther getrunken,
> Habe dem Irdischen ganz mich entwandt,

Das sind nicht nur die sehnsüchtigen Worte der Romantiker, das ist sie ganz, Karoline Günderode, die so wenig verstand und hielt von der Bezauberung des Irdischen, den Reizen des In-der-Welt-Seins; und weiter, die schönen nächsten Zeilen, die schon in Bild und Melodie die großen Harmonien wiederholen, die ihre Epoche immer wieder beschwor:

Habe dem Irdischen ganz mich entwandt,
Droben die Schriften der Sterne erkannt
Und in ihrem Kreisen und Drehen
Bildlich den heiligen Rhythmus gesehen,
Der gewaltig auch jeglichen Klang
Reißt zu des Wohllauts wogendem Drang,

Sphärenharmonie, schwebendes Ordnungsgefüge, bewegtes, atmendes, leuchtendes Universum, vom Menschen erkennbar, deutbar, beantwortbar – das sind Ausgangspunkte Goethescher Bilder, Goethescher Überzeugungen und einer ganzen, viele Jahrhunderte dauernden Epoche des Idealismus. Der Mensch als Zeuge und Teilhaber der großen Ordnungen – wie wunderbar schwebend und meisterhaft ist das formuliert – im in sich ruhenden, kreisenden Wohllaut der Zeilen, wo die hoch angesetzte Sprache ganz substantivisch wird, auf das schmückende Beiwort verzichtet: „Schriften der Sterne“, „Kreisen und Drehen, Klang und Wohllaut“ – nur das Wort Rhythmus hat ein Adjektiv, doch kein dekoratives, ein erklärendes, feststellendes, umfassend fixierendes: „heilig“.

Nach diesen ersten zwölf Zeilen, die die Aufwärtsbewegung ganz erreichen und in kunstvollster Sprache, das Vertikale und das Horizontale miteinander verknüpfend, die Kreisbewegung anzeigen – nach diesen ersten zwölf Zeilen beginnt die Abwärtsdrehung, der Sturz. Sie beginnt fast unvermittelt mit dem Ausruf der Klage „Aber ach!“ – der Ausruf des lyrischen, des sensiblen Ich – und bezeichnenderweise dominiert dann das verletzte Ich der nächsten vier Zeilen:

Aber ach! es ziehet mich hernieder,
Nebel überschleiert meinen Blick,
Und der Erde Grenzen seh ich wieder,
Wolken treiben mich zurück.

Erfahrung des Sturzes ist Erfahrung der Vereinzelung. Die Teilhabe am Göttlichen, die universale Vision ist beendet. Noch einmal ein Klageruf „Wehe!" – und die Pause, das Verstummen dahinter, – dann faßt sich das lyrische Ich dieser Zeit wieder, es faßt sich im Gesetz der ordnenden Begriffe, in der chaos-abwehrenden Kraft der Sprache. Sie zerreißt nicht, wie sie es in unserem Jahrhundert immer wieder in den größten Gedichten der Moderne tun wird, sie bleibt diszipliniert, verhalten, ja am Schluß, sich selbst überredend, spricht das Gedicht in Sentenzen:

Wehe! das Gesetz der Schwere
Es behauptet nur sein Recht,
Keiner darf sich ihm entziehen
Von dem irdischen Geschlecht.

Hier noch der bewegende Versuch, die Einsamkeit abzufangen, die ganze Menschheit einzubeziehen – indes, die Schluß-Sentenz bleibt ein wenig kraftlos, bleibt durchaus ohne Trost für die Dichterin.

Karoline von Günderode, gestorben mit 26 Jahren zu Winkel am Rhein, junge Romantikerin im Kreis von Freunden; Schwärmerin, die die Literaturgeschichte lange Zeit vergessen hat: bis ihr Christa Wolf den kleinen kunstvollen Roman: „Kein Ort. Nirgends" widmete.

Karoline Günderode: gelehrt, leidenschaftlich und denkbegabt, war doch eine Lyrikerin von Rang, eine Schriftstellerin, die in ihrem kurzen Leben die Dissonanzen der Existenz spürte und benannte: Freiheit und Zwang, Sehnsucht und Verwehrung, Leiden und Erlösung. Verstrickt in unglückliche Liebesgeschichten, war ihr die Flucht immer näher als das Verweilen. Ihre letzte Liebe, die zu dem Heidelberger Professor Creuzer, endete mit ihrem Freitod.

Eine Fremde auf Erden, doch eine innerlich Freie – denn wer wäre frei, wenn nicht die, die ins Absolute verliebt sind?

In schwankendem Kahne fahren wir aus dem Traum in die Wirklichkeit hinüber, besinnen uns und kehren wieder zurück in den Traum. Die Gegenpole des tätigen Lebens und das Traumversinken bestimmten in einem Spannungsbogen ohnegleichen die Zeit, von der hier die Rede war. Heute, zweihundert Jahre später: ist es anders geworden? Oder bleiben die Seelenbilder, kann es sein, immer die gleichen?

Eduard Mörike
Früh im Wagen

Die Rede ist von einem Gedicht, das Eduard Mörike, der große schwäbische Lyriker und Erzähler, um 1843 herum geschrieben hat – also nicht zwischen zwanzig und dreißig, wie die meisten seiner berühmten, hinreißenden lyrischen Arbeiten. 1843 – da war er noch nicht ganz vierzig, hatte gerade seinen Dienst als Pfarrer in Cleversulzbach hingeworfen, sich auf eigenen Wunsch frühzeitig pensionieren lassen, war zurückgekehrt in die Freiheit des Träumers und Betrachters. Die inneren und die äußeren Bilder schmelzen wieder ineinander, festigen sich; Erfahrung und Traum gewinnen ihre eigene Sprache:

Früh im Wagen

Es graut vom Morgenreif
In Dämmerung das Feld,
Da schon ein blasser Streif
Den fernen Ost erhellt;

Man sieht im Lichte bald
Den Morgenstern vergehn,
Und doch am Fichtenwald
Den vollen Mond noch stehn:

So ist mein scheuer Blick,
Den schon die Ferne drängt,
Noch in das Schmerzensglück
Der Abschiedsnacht versenkt.

Dein blaues Auge steht,
Ein dunkler See, vor mir,

Dein Kuss, dein Hauch umweht,
Dein Flüstern mich noch hier.

An deinem Hals begräbt
Sich weinend mein Gesicht,
Und Purpurschwärze webt
Mir vor dem Auge dicht.

Die Sonne kommt; – sie scheucht
Den Traum hinweg im Nu,
Und von den Bergen streicht
Ein Schauer auf mich zu.

Ein einfaches, liebenswürdiges Gedicht, sollte man meinen, leicht zu entziffern, leicht zu durchschauen, sechs Strophen zu je vier Zeilen, Kurzzeilen, die erste und dritte, die zweite und vierte Zeile jeweils reimen sich. Und der Inhalt? Ein Reisender fährt früh am Morgen mit dem Wagen, der Postkutsche vielleicht, fort, er denkt an die Geliebte, von der er sich gerade getrennt hat. Scheinbar liebliche Bilder also, wir sind in der versunkenen Welt der Idylle, der paradieseshaften Schwerelosigkeit, wo die Seele schweigt und spielt – ist das die Welt der späten Romantik, genauer des Biedermeier, bei der wir manchmal denken, sie gaukle uns Harmonie vor, Lebensgefühle, geschlossen und klingend, ohne Dunkelheit?

Schauen wir genauer hin, hören wir genauer hin: In den ersten zwei Strophen ist von keinem „Ich“ die Rede, wir hören eine wunderbare Beschreibung des Sichtbaren. Nur der Titel des Gedichts „Früh im Wagen“ verrät uns, daß diese Stimme zu einem gehört, der von innen nach außen blickt, nachdenklich die Erscheinungen wahrnimmt – als Wahrheit nimmt:

Es graut vom Morgenreif
In Dämmerung das Feld,
Da schon ein blasser Streif
Den fernen Ost erhellt;

Man sieht im Lichte bald
Den Morgenstern vergehn,
Und doch am Fichtenwald
Den vollen Mond noch stehn:

Die Ausgangslage ist, wie so oft bei Mörike: Aufbruch, Abreise, Wechsel also, von einer Situation in die andere: Passage, Übergang. Das ist die seelische Lage, und das ist auch das erblickte Bild von Erde und Himmel: Dämmernd grau liegt noch das Feld, doch im Osten erscheint der erste helle Streifen, der Morgenstern geht unter, und da steht noch der Vollmond über dem Wald. Am Himmel ist Bewegung, Lichtbewegung, Untergang und Aufstieg. Mit welcher Meisterschaft fassen die acht kurzen Zeilen den sinnlichen Eindruck, den Augen-Blick des Lichtwechsels am Himmel, Übergang von Nacht zum Tag.

Oft hat dieser Dichter gerade das beschrieben, für ihn ein tiefbewegendes Bild, ein Gleichnis vielleicht der Seele: zwischen den Gestirnen der Nacht und des Tages, oft im Zwielicht, oft verdunkelt.

Mit der dritten Strophe setzt ein neues Motiv ein – die erinnerte Trennung nach der „Abschiedsnacht". In der Tat hatte Mörike die ersten zwei Strophen 1843 geschrieben und das Gedicht dann unvollendet liegengelassen; erst drei Jahre später, 1846, beendete er es. Die dritte Strophe spricht zum erstenmal in der ersten Person, das Ich artikuliert sich: „mein Blick, mein scheuer Blick", und es bleibt präsent über die nächsten Strophen, die vierte und die fünfte – hier erscheint zum erstenmal das Du „Dein Auge", „Dein Kuss, Dein Hauch, Dein Flüstern". Stilles, wortloses, erinnertes Zwiegespräch:

So ist mein scheuer Blick,
Den schon die Ferne drängt,
Noch in das Schmerzensglück
Der Abschiedsnacht versenkt.

Dein blaues Auge steht,
Ein dunkler See, vor mir,
Dein Kuss, dein Hauch umweht,
Dein Flüstern mich noch hier.

An deinem Hals begräbt
Sich weinend mein Gesicht,
Und Purpurschwärze webt
Mir vor dem Auge dicht.

Erinnerte Gegenwart, die schon Vergangenheit ist, heraufgerufene Zärtlichkeit, die mit ganz wenigen Worten auskommt, zart und flüchtig sind die Konturen; die Realität der Geliebten, kaum benannt, sinkt zurück ins eigene monologische Gefühl – und das wird auch ausgesprochen: Wie ein Vorhang schiebt sich die „Purpurschwärze" vor die Augen, sie löscht aus, in einem wunderbar ambivalenten Wort, löscht Bild und Erinnerung. Das „Schmerzensglück" (wie genial und einfach sind diese beiden Grunderfahrungen der Nähe zueinandergefügt!), – das Schmerzensglück ist zu Ende.

Mit einem großen raschen Auftakt setzt die sechste, die letzte Strophe ein:

Die Sonne kommt;

Für unseren Reisenden im Wagen heißt das vordergründig nun: Wir fahren – und anderem zu. Das Tagesgestirn, das die Konturen schärft, die Träume bis zur Unkenntlichkeit ausleuchtet, zum Tätigsein, zum Bejahen der Welt ruft: Die Sonne kommt; – nicht von ungefähr ist nach diesem kurzen, durch die vielen Konsonanten fast harten Auftakt, diesem Aufblenden, diesem neuen Motiv ein Semikolon gesetzt – wir brauchen die Pause. Und leiser fährt die Stimme fort

– sie scheucht
Den Traum hinweg im Nu

Vergessen also setzt ein, im Licht fährt der Reisende ab, – doch da erreicht ihn, doch wohl mitten in der Sonne, wieder das andere. Unvermutet bricht alles ab, neues fällt ein:

> Und von den Bergen streicht
> Ein Schauer auf mich zu.

So endet das Gedicht. Wie selbstverständlich steht das „und" vor diesen beiden Schlußzeilen, der Dichter wußte es immer – Licht blitzt auf, und sogleich dunkelt von fernher der Schatten, der unaussprechliche Schauer der Seele. Alles gehört zueinander, ist unlöslich miteinander verknüpft, verwoben. Jetzt, Reisender, jetzt Leser, sieh, wo du bleibst.

Du bleibst im Übergang, zwischen den Welten, im Hellen und im Dunkeln, wo du hingehörst, im Zwischenreich.

Else Lasker-Schüler
Gott hör ...

Else Lasker-Schüler, die große Dichterin, geboren 1869 in Elberfeld, gestorben 1945 in Jerusalem, begraben am Ölberg – das sind die knappen Daten von Geburt und Tod. Dazwischen spannt sich ein traumverlorenes Leben, Chaos und Poesie, ein Leben, das die Wirklichkeit nicht fassen konnte. Ein Irrgarten war die äußere Welt für sie, in der inneren war sie zu Hause, da entstand aus Klang, Farbe und Bild ein Kosmos von Wörtern, das Gedicht. Von einem soll hier die Rede sein, es wurde um 1920 geschrieben:

Gott hör ...

Um meine Augen zieht die Nacht sich
Wie ein Ring zusammen.
Mein Puls verwandelte das Blut in Flammen
Und doch war alles grau und kalt um mich.

O Gott und bei lebendigem Tage,
Träum ich vom Tod.
Im Wasser trink ich ihn und würge ihn im Brot.
Für meine Traurigkeit gibt es kein Maß auf deiner Waage.

Gott hör ... In deiner blauen Lieblingsfarbe
Sang ich das Lied von deines Himmels Dach –
Und weckte doch in deinem ewigen Hauche nicht den Tag.
Mein Herz schämt sich vor dir fast seiner tauben Narbe.

Wo ende ich? O Gott! Denn in die Sterne,
Auch in den Mond sah ich, in alle deiner Früchte Tal.
Der rote Wein wird schon in seiner Beere schal ...
Und überall – die Bitternis – in jedem Kerne.

Schon die Überschrift verrät uns vieles. „Gott hör ...", das ist direkte Anrede, fordernd, drängend, Auftakt zu einem Zwiegespräch, einem Gebet, einer Beichte? Vorausgesetzt wird das unwiderrufliche Gegenüber, der Herr, und vor ihn hin tritt sein Geschöpf und spricht:

Um meine Augen zieht die Nacht sich
Wie ein Ring zusammen.
Mein Puls verwandelte das Blut in Flammen
Und doch war alles grau und kalt um mich.

Leise hebt die Stimme an zu sprechen, zögernd spricht sie von jenem Grundgefühl der Traurigkeit, das wir Weltverlust nennen. Sogar die Nacht, jener weite, sanfte Zufluchtsort der vom Tage Verletzten, „zieht sich wie ein Ring zusammen", wird eng und lastend vor dem körperlichen (und seelischen) Auge: Ein Umkehrmotiv, so können wir sagen, der deutschen Romantik, die die Nacht liebte und pries. Die expressionistische Dichterin spricht von der bitteren Verwandlung, und spricht gleich weiter, der Rhythmus beschleunigt sich, spricht von sich, ihrer leidenschaftlichen Körperlichkeit, das Wort „Flammen" ist das einzige in dieser ganzen Strophe, das gewissermaßen aufsteigt, hochfährt, Farben aufruft – aber sofort fällt die Stimme wieder ab, in sich zusammen, bekennt: „Und doch war alles grau und kalt um mich." Alle Flammen brachten nur das Graue und die Kälte mit sich, eine bittere Zauberei; vielleicht spielen diese beiden Zeilen auf viele Erfahrungen leidenschaftlicher Zuwendung an, die doch alle scheiterten; vielleicht auch ist diese Deutung ganz unzulässig. Denn wer kennt nicht die Seelenbewegung, die Hitze in Kälte, Farben in Fahlheit verwandelt?

Die nächste Strophe setzt flehend ein „O Gott“, und es folgt der wichtigste Satz, das Hauptmotiv des Gedichts, das Geständnis des Menschen vor Gott:

... und bei lebendigem Tage,
Träum ich vom Tod.
Im Wasser trink ich ihn und würge ihn im Brot.

Ähnlich sprachen die Dichter der Barockzeit – und doch ganz anders. Sie fühlten sich eingebettet in die große, gottgewollte Polarität von Geburt und Tod. Tod war, auch, Erlösung und Heimkehr. Diese Stimme aber ist eine moderne Stimme, Tod ist Ende und Verzweiflung. Tod hat das Leben schon abgelöst, er ist überall, und Wasser und Brot sind nicht mehr Grundvoraussetzungen des Lebens, sie schmecken nach Tod.

Im Wasser trink ich ihn und würge ihn im Brot

– wie hart dieses Wort „würgen“ nach der Mitte der Zeile steht: ein einziges Wort, und es verrät den ganzen Abscheu und die ganze Angst. Die vierte Zeile ist wieder ganz still, ganz einfach, und wir werden uns hüten, diese Stille durch Erklärungen zu stören:

Für meine Traurigkeit gibt es kein Maß
auf deiner Waage.

Nun ist die Mitteilung, die Konfession beendet, Gott weiß jetzt; eine Pause tritt ein, die nächste, die wiederholte Anrede in diesem Zwiegespräch zwischen einem, der spricht und einem, der schweigt, die nächste Anrede ist schon ein wenig vertrauter:

Gott hör ... In deiner blauen Lieblingsfarbe
Sang ich das Lied von deines Himmels Dach –

Und weckte doch in deinem ewigen Hauche
nicht den Tag.
Mein Herz schämt sich vor dir fast seiner tauben
Narbe.

Blau ist fast die einzige Farbe in diesem Gedicht – sonderbar, sonst prangen, blitzen, strahlen Else Lasker-Schülers Gedichte von Farben. Blau, das liebte sie, das liebten die expressionistischen Dichter und Maler, und wie ein Kind, in einer zauberhaft naiven Wendung, unterstellt die Dichterin nun Gott die „blaue Lieblingsfarbe". Denn er hat seinen Himmel blau gefärbt. Aber die Dichterin sagt: Ich sprach und doch wurde nichts heller, ich konnte mit meinen Worten in Deiner Ewigkeit nichts heller machen; und, so fährt sie fort, weil ich doch weiß, daß Du Deine Geschöpfe nicht nur in der Klage wissen willst, weil Du sie doch auch zum Jubel, zum Preis berufen hast, so schäm ich mich vor Dir.

Die vierte Strophe nun hebt an mit einem Schrei: „Wo ende ich?" Es ist die ewige und ewig unbeantwortete Frage der Kreatur an ihren Schöpfer – aber wie ist das hier gesagt, wie bändigte der hohe Kunstverstand der Dichterin Gefühl und Klage, Ahnung und Gewißheit:

Wo ende ich? O Gott! Denn in die Sterne,
Auch in den Mond sah ich, in alle deiner Früchte Tal.
Der rote Wein wird schon in seiner Beere schal ...
Und überall – die Bitternis – in jedem Kerne.

Weltverlust also: Gestirne und Frucht, die glänzenden Gaben an den Menschen, können die Seele nicht mehr aufhellen – Klage, Schrei, Gebet?

Die Jüdin Else Lasker-Schüler, die etwa fünfzig war, als sie diese Worte schrieb, wußte noch nicht, welches Ausmaß an Bitterkeit ihr noch bevorstehen sollte, ihr selbst und ihr als Angehörige ihres Volkes. Sie war immer arm, irrte durch die Welt. An einen Freund hat sie einmal geschrieben: „Ich habe keine Ruhe, immer unstet, kein Zuhaus. Ich wollte, ich wäre jemand sein Kind. Und es ging jemand mit mir in alle Spielläden und kaufte mir Schaukelpferde, kleine Bären, Schachteln voll Häuschen und Bäumchen und Schafe und Hühner."

1933 fuhr sie in die Schweiz, wie sie ging und stand, in Zürich irrte sie Tage und Nächte mittellos durch die Straßen, bis die Polizei sie wegen Landstreicherei festnahm. Sie schrieb „Ich lag sechs Nächte am See hier versteckt, da Niemand momentan in Zürich, den ich kannte ..." Dann half man hier, sie konnte leben, so weit sie das überhaupt konnte: leben. Immer wieder fuhr sie nach Jerusalem, krank, am Ende ihrer Kräfte blieb sie die letzten Jahre ihres Lebens dort. Ihr Grab am Ölberg liegt auf der arabischen Seite der damals geteilten Stadt. Hier, schrieb ein Freund, Schalom Ben-Chorin, „hier wartet sie, bis am Fuße dieses Berges im Tale Josaphat die Posaune der Auferstehung ertönt".

Wir aber hören ihre Worte:

O Gott und bei lebendigem Tage,
Träum ich vom Tod.
Im Wasser trink ich ihn und würge ihn im Brot.
Für meine Traurigkeit gibt es kein Maß
auf deiner Waage.

Gibt es eine Antwort für sie, für uns? Keine? Oder doch?

Rainer Maria Rilke
Das Karussell

Es gibt schwere und leichte Gedichte, ernste und heitere, Gedichte, die klagen, die triumphieren, und Gedichte, die spielen. Alle gehören zu unserem Leben, geben ihm Fülle, Bild und Melodie.

Dieses hier ist ein Gedicht, das spielt, – mit sich selbst und mit der ganzen Welt: „Und das geht hin und eilt sich, daß es endet, /und kreist und dreht sich nur und hat kein Ziel ...“ Aber lesen wir erst das Ganze:

Mit einem Dach und seinem Schatten dreht
sich eine kleine Weile der Bestand
von bunten Pferden, alle aus dem Land,
das lange zögert, eh es untergeht.
Zwar manche sind an Wagen angespannt,
doch alle haben Mut in ihren Mienen;
ein böser roter Löwe geht mit ihnen
und dann und wann ein weißer Elefant.

Sogar ein Hirsch ist da, ganz wie im Wald,
nur daß er einen Sattel trägt und drüber
ein kleines blaues Mädchen aufgeschnallt.

Und auf dem Löwen reitet weiß ein Junge
und hält sich mit der kleinen heißen Hand,
dieweil der Löwe Zähne zeigt und Zunge.

Und dann und wann ein weißer Elefant.

Und auf den Pferden kommen sie vorüber,
auch Mädchen, helle, diesem Pferdesprunge
fast schon entwachsen; mitten in dem Schwunge
schauen sie auf, irgendwohin, herüber –

Und dann und wann ein weißer Elefant.

Und das geht hin und eilt sich, daß es endet,
und kreist und dreht sich nur und hat kein Ziel.
Ein Rot, ein Grün, ein Grau vorbeigesendet,
ein kleines kaum begonnenes Profil –.
Und manchesmal ein Lächeln, hergewendet,
ein seliges, das blendet und verschwendet
an dieses atemlose blinde Spiel.

„Das Karussell" hat Rainer Maria Rilke sein Gedicht genannt. Und ein Wort hat er noch vorausgesetzt: „Jardin du Luxembourg". Das ist der „luxemburgische Garten" in Paris, ein schöner Park, in dem dieses Karussell stand. Vielleicht steht es heute noch da: Rilke sah es bei einem seiner vielen Pariser Aufenthalte, um 1900 herum. „Jardin du Luxembourg": eine genaue Fixierung des Orts – davon geht der Dichter aus. Und er beginnt, ganz heiter, ganz losgelöst von Gedankenqual und Müdigkeiten, fröhlich und genau die Beschreibung jenes Karussells: ein Bild, eine Impression.

Mit einem Dach und seinem Schatten dreht
sich eine kleine Weile der Bestand
von bunten Pferden, alle aus dem Land,
das lange zögert, eh es untergeht.

Das Land, das lange zögert, eh es untergeht? Rilke meinte wohl das Land der Kindheit mit dieser Umschreibung, ein Land der Träume und Farben, der Geborgenheit. Es dauert lange, bis seine Macht erlischt, eben: es zögert lange, eh es untergeht. Aus der unmittelbaren Beschreibung des Karussells also bricht der Dichter aus – in einen ins Bild gebannten Gedanken, der das liebenswürdige, das bunte, kreisende Ding schon weit in den Raum und die Zeit trägt: Die Gleichzeitigkeit, das Dort und Hier des bildlichen Denkens, ist immer ein Element des Gedichts.

Die Kindheit hat Rilke immer beschäftigt, es gibt eine berühmte Stelle darüber in einem Brief an einen Zwanzigjährigen, in Paris geschrieben, ungefähr zur gleichen Zeit, als dieses Gedicht entstand: „Und wenn Sie selbst in einem Gefängnis wären, dessen Wände keines von den Geräuschen der Welt zu Ihren Sinnen kommen ließen – hätten Sie dann nicht immer noch Ihre Kindheit, diesen köstlichen, königlichen Reichtum, dieses Schatzhaus der Erinnerungen? Wenden Sie dorthin Ihre Aufmerksamkeit. Versuchen Sie die versunkenen Sensationen dieser weiten Vergangenheit zu heben; Ihre Persönlichkeit wird sich festigen, Ihre Einsamkeit wird sich erweitern und wird eine dämmernde Wohnung werden, daran der Lärm der anderen fern vorübergeht..."

Und so geht unser Gedicht weiter, die bunten Pferde kommen wieder an die Reihe:

Zwar manche sind an Wagen angespannt,
doch alle haben Mut in ihren Mienen;
ein böser roter Löwe geht mit ihnen
und dann und wann ein weißer Elefant.

Da steht der Beschauer, der sich die Bilder merkt; hier kreist das Karussell. Zum ersten Mal taucht die weltberühmte, die zauberhafte Spiel-Zeile auf: „Und dann und wann ein weißer Elefant." Dann und wann? Nun, wenn der weiße Elefant vorbeikreist. Da ist er wieder – und da, wieder vorbei.

Sogar ein Hirsch ist da, ganz wie im Wald,
nur daß er einen Sattel trägt und drüber
ein kleines blaues Mädchen aufgeschnallt.

Wer hätte je einen Hirsch mit einem Sattel gesehen? Aber in diesem Spiel ist alles möglich: Pferde, Löwen, ein Hirsch, hölzern und friedlich ziehen sie miteinander vorbei. Ein kleines „blaues" Mädchen: das heißt der Blick, die Impression bringt nur blaues her, so schnell ist alles wieder entschwunden. Blaues Kleid, blauer Mantel, blaues Mützchen? Genug, die rasche, die flüchtig-liebevolle Beobachtung der impressionistischen Künstler geht nicht ins Detail: so ist es bei den Malern, so hier im Wort. Und noch einmal:

> Und auf dem Löwen reitet weiß ein Junge
> und hält sich mit der kleinen heißen Hand,
> dieweil der Löwe Zähne zeigt und Zunge.
>
> Und dann und wann ein weißer Elefant.

Reizvollste Lautmalerei finden wir hier, sie gilt für Vokale wie für Konsonanten. Vorherrschend in den letzten drei Zeilen war der Doppellaut „ei" – „reitet-weiß-kleine-heiße-Hand-dieweil- und zeigt" – Und genauso und gleichzeitig spielt der Dichter mit den Konsonanten, mit dem „z" zum Beispiel in der letzten Zeile: „Dieweil der Löwe Zähne zeigt und Zunge." Das „z" ergibt in der Wiederholung etwas stolzes, schnelles, unzähmbares: – eben, dem Löwen ganz angemessenes ... Und so geht es weiter:

> Und auf den Pferden kommen sie vorüber,
> auch Mädchen, helle, diesem Pferdesprunge
> fast schon entwachsen; mitten in dem Schwunge
> schauen sie auf, irgendwohin, herüber –

Das Thema ändert sich hier fast unmerklich, auch der Ton; er sinkt ein wenig, wird dunkler, gedehnter, vager: „irgendwohin, herüber". Das Thema wechselt vom Karussell auf die Reiter und Reiterinnen, die Kinder, die vielversprechenden, die ahnungsvollen, die Bewohner jenes Landes, das „lange zögert, eh es untergeht". Die Aufmerksamkeit des Betrachters wird gefangen von größeren Kindern, Mädchen, die für dieses Spiel fast zu groß sind. Sie schauen auf, „irgendwohin, herüber" – das ist schon ein anderer Raum, der sie aufnimmt, Zeit wird wirklich, Zukunft. Aber noch dreht sich das Kinderland mit seinen eigenen Gesetzen, denn – da ist er wieder:

Und dann und wann ein weißer Elefant.

Und das geht hin und eilt sich, daß es endet,
und kreist und dreht sich nur und hat kein Ziel.

Diese zwei Zeilen überrunden das kleine bunte Karussell, das unmittelbare Bild, das der Dichter entzückt in der Beschreibung wiedergibt. Da spricht er drüber hin und ein anderes, kreisendes, vielleicht ganz Zielloses drängt in sein Gefühl, seinen erlebten Augenblick. Sollen wir es das Leben nennen?

Ein Rot, ein Grün, ein Grau vorbeigesendet,
ein kleines kaum begonnenes Profil –.

Ein kleines, kaum begonnenes Profil – zunächst tragen seine Augen dem Betrachter diesen Eindruck zu. Aber er bedeutet noch etwas anderes, glaube ich. Noch nicht gezeichnet sind diese Gesichter, nicht das Leben, nicht Schmerz noch Freude haben sie geprägt. Hier ist alles Anfang:

Und manchesmal ein Lächeln, hergewendet,
ein seliges, das blendet und verschwendet
an dieses atemlose blinde Spiel.

Ja, so wird es immer sein: ein kreisender Lauf, ein paar Farben, Linien, kaum erfaßte, schon entschwundene Umrisse, ein Blick, ein Lächeln – und vorbei, vorüber – im atemlosen blinden Spiel.

„Und dann und wann ein weißer Elefant", – aber das, natürlich, ist nicht sicher.

Wilhelm Lehmann
Eroberter Tag

„Eroberter Tag" – das klingt goethisch, kräftig, mutig – ohne Melancholie schon der Titel, hell und sicher wie ein Trompetenstoß, Signal.

Lange trabten meine Füße
In bestaubten Wanderschuhn.
Wenn die Lindenfrüchte kreiseln,
Will ich in der Trauer ruhn.

Doch mein Haus ist das Vorüber,
Nur das Flüchtige bleibt treu;
Daß es immer mir gehöre,
Feire ich es immer neu.

Die Calendula schlägt Wellen
Unermüdet goldnen Pralls,
Eine Kupferlilie züngelt
Wie ein Basiliskenhals.

Silbern blitzt des Schilfes Mähne,
Die in grünen Strängen fällt;
Als die Götter uns besuchten,
Hat ein gleiches Licht gehellt.

Wo sich Meer und Luft berühren,
Stürzt es brünstig auf die See:
Wem vergleich ich die Bewegung?
Jupiter und Danae.

Das Vorüber eure Wohnung,
Meine Wohnung ist es auch –
Übermächtig aufgefordert,
Sprengt den Mund der Seelenhauch.

Und der Hauch schwillt zu Gesange,
Wurde wenig je so viel?
Den unmutigen Odysseus
Meisterte ein Saitenspiel.

Schon beim Lesen und beim Hören ergreift einen geheimer Rhythmus, geheime Melodie, ist es ein Gedicht des fortschreitenden Lebens? In sieben Vierzeilern werden wir weit geführt. Schon der Anfang, die ersten beiden Kurzzeilen greifen das Wandermotiv auf, doch nicht wie die Romantiker, Wilhelm Lehmann ist kein Romantiker, er gehört ins zwanzigste Jahrhundert und sein „Eroberter Tag" ist um 1950 geschrieben, so setzt er ein:

Lange trabten meine Füße
In bestaubten Wanderschuhn –

Die erste Zeile scheint rasch und witzig, denn das Verb „traben" bringt – scheinbar – Gemütlichkeit, ein wenig Selbstironie mit, aber schon die „bestaubten Wanderschuh" verraten mehr Mühsal, als nach der ersten Zeile erwartet, sie sind offenbar ganz konkret und alltäglich, leiten indes schon anderes ein. Nach den ersten beiden Zeilen bricht der helle Rhythmus ab, in der dritten ist nur noch Melodie, Verlangsamung, verweilen wir:

Wenn die Lindenfrüchte kreiseln,
Will ich in der Trauer ruhn.

Was für ein erstaunliches Bild, das „Kreiseln" dreht uns mit ins langsam-schwebende Abwärts, und dann das entschiedene „Will ich in der Trauer ruhn". „Trauer" – das ist eines der stärksten, bedeutungsschwingenden Wörter der deutschen Sprache – wer hätte es erwartet nach dem raschen, heiteren Anfang? Doch das ist die Doppelzeichnung aller Dinge, das Zeichen auch großer Lyrik – und gleich zu Beginn, nach vier kurzen Zeilen, wissen wir: ganz konkret schreibt dieser Dichter, und gleichzeitig werden die Bilder zum Gleichnis.

Doch mein Haus ist das Vorüber,
Nur das Flüchtige bleibt treu;
Daß es immer mir gehöre,
Feire ich es immer neu.

Schön die ganz subjektive zweite Strophe, heitere, sichere Bekennerstrophe – zur Vergänglichkeit: Das „Vorüber" sagt Wilhelm Lehmann, und in der rätselvollen Weisheit des Paradoxons „Nur das Flüchtige bleibt treu" –

Die dritte Strophe nun setzt ein neues Motiv ein, die Beschreibung des bezaubernd Sichtbaren:

Die Calendula schlägt Wellen
Unermüdet goldnen Pralls,
Eine Kupferlilie züngelt
Wie ein Basiliskenhals.

Die Calendula, die gelbe Ringelblume, eröffnet dem Auge, stehen die Halbsträucher und Blumenköpfe voll und dicht, die Impression des goldnen Auf-und-Nieders (schon der lateinische Name: Calendula hat ja in dem Wechselklang seiner Vokale Teil an dieser Wellenbewegung); die kupferfarbene Lilie entzündet ein unvermutetes Bild im Dichter: den „Basiliskenhals" – Assoziation also, vom Bild zur gedankenvollen Erinnerung, kann man vielleicht sagen – der Basilisk ist nicht nur eine tropische Eidechse, sondern auch ein Fabeltier mit todbringendem Blick: Tier- und Pflanzenbild zugleich und schon erster Einbruch einer mythologischen Welt – Und diesem Thema nun überläßt sich Wilhelm Lehmann in den beiden nächsten Strophen, neues Motiv, Dichte, bezaubernde Gleichzeitigkeit von allem:

Silbern blitzt des Schilfes Mähne,
Die in grünen Strängen fällt;
Als die Götter uns besuchten,
Hat ein gleiches Licht gehellt.

Wo sich Meer und Luft berühren,
Stürzt es brünstig auf die See:
Wem vergleich ich die Bewegung?
Jupiter und Danae.

„Als die Götter uns besuchten" – damals, einstmals? Doch obgleich im Imperfekt ist der Besuch wohl nicht abgeschlossen – aus der Welt dieses Dichters haben sich die Götter niemals ganz zurückgezogen: Und wie Jupiter, der Herr der Götter zur schönen Geliebten Danae als goldner Regen kam, so vermischen sich die Elemente, lebendige Bewegung, Dauer im Wechsel. Und erheitert von seinen Bildern und Gedanken, spricht das lyrische Ich in der nächsten, der sechsten Strophe die Götter unmittelbar an, der Dialog zwischen ihnen und dem Menschen, ihrem Geschöpf, setzt wieder ein:

Das Vorüber eure Wohnung
Meine Wohnung ist es auch –

Keine schönere Variation des Vergänglichkeitsmotivs ist zu denken: Heiter erkannt stehen Götter wie Menschen im Flüchtigen, das gleichzeitig das Bleibende ist. Ihr vergeht, sagt dieser Dichter zu den Göttern: „Das Vorüber eure Wohnung", aber ich, der Mensch genauso: „Meine Wohnung ist es auch" – gehören wir nicht also in einem Sinne zusammen, gar nicht mehr getrennt? Aber mitten in dieser sechsten, der vorletzten Strophe erklingt ein neues Thema, noch einmal: Stolz und heiter sich vergleichend erinnert sich der Dichter nun seiner ihm gemäßen Aufgabe: zu sprechen, zu erzählen, zu rühmen:

Übermächtig aufgefordert,
Sprengt den Mund der Seelenhauch.
Und der Hauch schwillt zu Gesange,
Wurde wenig je so viel?

Das ist nun schon die siebte, die letzte Strophe des Gedichts und sie endet so:

Und der Hauch schwillt zu Gesange,
Wurde wenig je so viel?
Den unmutigen Odysseus
Meisterte ein Saitenspiel.

Odysseus, das ist der Wanderer, der Fahrende, der Unruhige und – nicht schuldlos – Geschundene, ein Umriß des Menschen, des Helden, des Mannes – die Töne des Instruments, Klang und Spiel und Kunst meistern, besänftigen, entlasten ihn. Noch einmal, im Bild verborgen, Preis der Dichtung und die verschwiegene Beschwörung des ersten großen Dichters der Weltgeschichte: Homer.

Wilhelm Lehmann, 1882 geboren, 1968 gestorben, ist ein großer, von vielen geliebter, bewunderter „Naturlyriker“ – was immer diese Bezeichnung besagen mag: ein Etikett, sonst nichts. Er entwarf das Gleichnis des Sichtbaren wie alle großen Dichter, er entwarf es in einer Doppelzeichnung naturwissenschaftlicher Akribie und magischer Beschwörung. Rhythmus und Melodie seiner Gedichte umgreifen die Tiefe der Vergangenheit wie der Zukunft: und hell, trotz allem, erscheinen die unzerstörbare Gegenwart, die irdischen Stunden.

Gottfried Benn
Epilog 1949

Gottfried Benn: – immer wieder erfaßt uns die dunkle Melodie, die unwiderstehliche, die Motivwelt von Trauer und Licht, tiefe Fremdheit zwischen Mensch und Welt, die Wortmagie: „Worte, Worte, Substantive! Sie brauchen nur die Schwingen zu öffnen, und Jahrtausende entfallen ihrem Flug" – so schrieb er einmal.

Epilog 1949

Die trunkenen Fluten fallen –
die Stunde des sterbenden Blau
und der erblaßten Korallen
um die Insel von Palau.

Die trunkenen Fluten enden
als Fremdes, nicht dein, nicht mein,
sie lassen dir nichts in Händen
als der Bilder schweigendes Sein.

Die Fluten, die Flammen, die Fragen –
und dann auf Asche sehn:
„Leben ist Brückenschlagen
über Ströme, die vergehn."

Das ist der Auftakt, das erste in einem Zyklus von fünf Gedichten, die unter diesem Titel zusammengefaßt sind: Epilog 1949.

Epilog: das heißt Nachwort, Ende, Ausklang. Die dazu gesetzte Jahreszahl bedeutet nicht nur das Entstehungsdatum, es ist autobiographische Fixierung, mehr noch: individuelle Zeit, die mit der historischen Zeit zusammentrifft. 1949: Vier Jahre nach dem Ende des Zweiten Weltkriegs. Der Facharzt Dr. Gottfried Benn arbeitet seit Herbst 1945 wieder in der Bozener Straße in Berlin, hält Sprechstunden ab, führt seine Praxis und versucht zu leben. Er lebt zwischen Trümmerfeldern, „lautlose, völlig glückverhangene Melancholie", seine Frau Herta hatte sich in den letzten Kriegswirren, fern von ihm, das Leben genommen, er selbst blickt zurück auf wirre, bittere Jahre. Die eigene Lebenszeit scheint durchaus ohne Trost, das eigene Werk verloren und vergessen: „Kunst ist die Wirklichkeit der Götter und dazu langte es nicht..." schrieb er damals. Und was die deutsche, die europäische, die Weltlage betraf – alles undurchsichtig, dem Abgrund nahe, „abgrundsicher", nennt er das. Endzeit also, Müdigkeiten und Monotonie, alle Intensität scheint ihm verdächtig, die Waage neigt sich zum Schweigen hin, Standpunkte zu haben, ist lächerlich und unerträglich, keine Standpunkte zu haben ebenso.

Unüberschaubar das Ganze – und doch setzt beim Dichter aus Tiefen, die er selbst nicht kennt noch ermißt, wieder die künstlerische Ausdruckswelt ein, Sprache, Dichtung, eben: die Wirklichkeit der Götter:

> Die trunkenen Fluten fallen –
> die Stunde des sterbenden Blau
> und der erblaßten Korallen
> um die Insel von Palau.

„Die trunkenen Fluten fallen": Trunkene Flut, Titel eines Gedichtbandes von Benn, ist gewissermaßen noch dem Wortschatz des Expressionismus entnommen, ist ein Synonym für Leben, wie dieser Mann es sah und wollte, Leidenschaft und Strömung, dem Urgrund des Seins nahe, Irrationalität. Die „trunkenen Fluten" – die zwei dunklen Vokale ‚u' schlagen die dunkle Lebensmelodie an. „Die trunkenen Fluten fallen" – das nahezu Unbezeichenbare wird bezeichnet: Wenn diese Fluten, die dich tragen, fallen, versiegt der Seelenstrom, Glanz und Weite enden, die Seele spürt Angst, der Sprechende hält inne, ein Gedankenstrich, ein Verstummen enden die erste Zeile.

Die zweite Zeile setzt neu an zu einer Art Beschreibung, einem Bild, der Evokation einer Stunde in einer Landschaft; das Verb ist ausgefallen (etwa: es ist die Stunde), die Vision wird angereiht.

> Die Stunde des sterbenden Blau
> und der erblaßten Korallen
> um die Insel von Palau.

Blau ist nicht nur für Benn die Farbe des Traums, der Zeitentrücktheit, der Transzendenz, der irdischen und der überirdischen Sehnsucht, – sie war es schon in der Romantik. Für Benn ist dieses Wort immer ein Wort des innersten, scheuen Gefühls – und „die Stunde des sterbenden Blau", der erlöschenden Farben also, die Stunde der langsam einsetzenden Dämmerung, die bald Nacht werden wird, ist nicht nur Landschaftsbild, es ist wohl auch die Weltstunde, die den Traum aufgibt und verbannt.

> und der erblaßten Korallen
> um die Insel von Palau.

Auch die Korallen, schöne Gebilde der Ferne, haben ihre Farbe verloren, die Dinge werden blasser, das Wirkliche entzieht sich dem Menschen, dem Betrachter. „Um die Insel von Palau": Palau? Es sind Südseeinseln, einst in deutschem Besitz, „ihr südlicher Teil ist aus Korallenkalk", sagt das Konversationslexikon. Für Gottfried Benn sind sie eine Chiffre für Ferne und Flucht, für eine mögliche Welt jenseits der Trümmerlandschaft der Bozener Straße in Berlin. Hoffnung, der schöne Wahn ist für diesen Lyriker immer mit dem sicher

Unerreichbaren verbunden, Ferne, die niemals Nähe werden wird.

Die zweite Strophe:

Die trunkenen Fluten enden
als Fremdes, nicht dein, nicht mein,
sie lassen dir nichts in Händen
als der Bilder schweigendes Sein.

Die trunkenen Fluten enden /als Fremdes ... Die Lebensströme, die Kräfte, die Leidenschaften deiner ganzen Zeit, einer ganzen Zeit enden als „Fremdes", fremd in dir, unerklärbar, uninterpretierbar. Es ist die alte, die traurige, die verführerische Überzeugung Gottfried Benns, von der „tiefen, schrankenlosen, mythenalten Fremdheit ... zwischen dem Menschen und der Welt". Sie gilt für jeden, eine Ausnahme gibt es nicht (die lebenslange Auseinandersetzung Benns mit Goethe, dem einzigen, bei dem er eine Ausnahme ahnte, wollen wir hier nicht in Betracht ziehen).

Sie lassen dir nichts in Händen
als der Bilder schweigendes Sein.

Hier, zum erstenmal in diesem Gedicht, wird, so scheint es, der Leser angeredet, der andere Mensch, „sie lassen dir nichts in Händen" – aber ist es der andere? Benns Lyrik ist eine tief monologische Lyrik, auch das „du" des Gedichts ist oft, nicht immer, er selbst, ist Selbstgespräch.

Sie lassen dir nichts in Händen
als der Bilder schweigendes Sein.

Das „Sein" der Bilder, die Phänomene, teilen sich dem Menschen nicht mehr mit, die Sprache der Welt ist verstummt. „Der Bilder schweigendes Sein": in der Wortstellung schon wird die dichterische Absicht deutlich zur ernsten strengen Sentenz. Hätte man Gottfried Benn fragen können, und hätte er überhaupt ohne freundlichen Spott Interpretationen seiner Gedichte ohne weiteres zugelassen, – dann hätte er vielleicht gesagt, daß mit diesen Bildern, ihrer schweigenden Existenz auch die Kunst gemeint ist; die Form, die Formung, das einzig Unzerstörbare, das er noch zuließ.

Die dritte Strophe:

> Die Fluten, die Flammen, die Fragen –
> und dann auf Asche sehn:
> „Leben ist Brückenschlagen
> über Ströme, die vergehn."

Sie ist die letzte Strophe dieses ersten Gedichts des Zyklus „Epilog 1949", und die Sprachmagie steigert sich: „Die Fluten, die Flammen, die Fragen" – drei Substantive, durch Alliteration zusätzlich verbunden – das ist Benns „substantivischer Stil", hier in sich beschleunigt, wie zu einem geheimen atemlosen Höhepunkt strebend – „und dann auf Asche sehn". Rapid fällt der Rhythmus ab, die drängend aufsteigende Sequenz ist aufgelöst. Die Summe eines ganzen Lebens – und dann die Chiffre für Vergänglichkeit.

Die letzten beiden Zeilen dieser Schlußstrophe schließen nach diesem Ausbruch eher ruhig, leise, nachdenklich, mit einer Feststellung – sie wiederholt noch einmal das Thema des Gedichts:

> „Leben ist Brückenschlagen
> über Ströme, die vergehn."

Das ist eine Bennsche Existenzformel und ein Sprachbild der Kraft und der Vergeblichkeit.

Epilog 1949: – und doch leitet diese innere Phase der Verschattung und Glücksferne für Gottfried Benn noch einmal eine Phase des unerhörten Ruhmes ein. Zum zweitenmal, nach den zwanziger Jahren, wurde er der gefeiertste Dichter einer Generation, ihr Sprecher, ihr Vertreter, ihr Abgott. Welche hohe Ironie der Kunst: dem eigenen Dunkel, der Hoffnungslosigkeit, dem Hoffnungswahn widersprach der Dichter selbst – in der magischen wunderbaren rauschhaften Musikalität seiner Gedichte.

Georg von der Vring
Aus einer Nacht

Ein Gedicht ist kein Spielzeug, kein Zeitvertreib, kein Radiergummi fürs Gehirn wie die Schlagertexte, auch keine Hängematte für Gefühle, auf der man sich hinüberschaukeln kann in Schwärmerei, davonstehlen aus der Wirklichkeit.

Ein gutes, gar ein großes Gedicht ist keine Nebensache, sondern etwas ungemein Wichtiges und Kostbares, ein Ding von höchstem Wert, ein rätselhaftes Gebilde aus Wörtern und Klängen. Die großen Gedichte sprechen von der Welt und vom Menschen und seinem Weg; sie sagen die Wahrheit, auch wenn sie zuweilen in Rätseln sprechen.

Ich will von einem Gedicht reden, das ich liebe, und von dem Mann, der es geschrieben hat, und den ich gut kannte. Das Gedicht heißt „Aus einer Nacht" und beginnt so:

> Oh Nachtgedank, mein Ungewinn:
> Ich werde nie sein, der ich bin.

Dieses Rätselwort hat er an den Anfang gestellt, Georg von der Vring, der Dichter. Er war schon hoch in den Siebzigern, als ich ihm begegnete, in München, im Jahre 64 oder 65, vielleicht. Wir verehrten und liebten ihn – ein kleiner, weißhaariger Mann, zart und doch kräftig, etwas von der Seemannsfamilie, aus der er stammte, war in der Vergeistigung und Entrücktheit des hohen Alters noch zu spüren. Er hatte große Augen und einen verschlossenen Mund. Er blickte scharf und genau auf die Welt, die Dinge, die Menschen – so war er es gewohnt, nicht nur als Dichter, auch als Maler, als Zeichenlehrer. In seiner Wohnung, hoch über den Dächern der Stadt, hängen heute noch viele seiner Bilder: Blumenstükke, Landschaften, Häuserreihen.

Er liebte es, mit seinen Gästen zu plaudern, Pfeife dabei zu rauchen, dem blauen Pfeifenrauch nachzublicken – das hat er einmal in einem Gedicht beschrieben. Niemand las seine Gedichte schöner als er selbst, nicht gefühlvoll, sondern klar, fast sachlich, so daß die Melodie der Verse hörbar wurde und die Bilder, die die Worte malten, rein und bezaubernd vor den Augen der Zuhörer aufstiegen.

Georg von der Vring war ein großer Dichter, einer der bedeutenden Lyriker der Epoche, ein Matthias Claudius des 20. Jahrhunderts, so könnte man sagen, wenn man Vergleiche sucht. Seine Gedichte sind wie die von Claudius einfach und sanft und doch hintergründige Kunstgebilde, rätselhaft und streng.

Oh Nachtgedank, mein Ungewinn:
Ich werde nie sein, der ich bin.
Der Ulmbaum ists, das Weinlaub ists,
Du Regenguß an Scheiben bists,
Ihr Füchse seids, ihr Gruben seids,
Ein hingeflüstert Wort bereits.

Dies lag mir schon im Kindersinn:
Ich werde nie sein, der ich bin.
Die Mutter wars, das Zimmer wars,
Der Fluß im Sterngeflimmer wars;

In einer Nacht hängt der Dichter seinen Gedanken nach, nicht heiter, schon ahnend, daß die Fragen, die ihn bedrängen, nicht im hellen Licht, im Triumph der Gewißheit enden werden: „Oh Nachtgedank, mein Ungewinn" sagt er, das heißt: Nicht-Gewinn, also kein Sieg und keine Sicherheit. Wie könnte es anders sein; die Nacht treibt ihn dazu, sich selbst nachzuspüren, nach-zu-denken. Wer bin ich, fragt der Dichter, und wer in dieser Welt, die mich umgibt, die mir gegeben wurde? Ich also und fremd mir selber: „Ich werde nie sein, der ich bin." Die Form der Zukunft, das Futur, das hier gewählt wurde, läßt keine Hoffnung zu. Nie werde ich das sein, das leben, was ich als mein tieferes, mein wahres Ich empfinde. Nie werden wir beide eins werden, ich und das Bild, das ich von mir habe. Rätsel und Schwermut: ich zu sein.

Wer, denkt der Dichter weiter, ist aber ganz das, was er ist? Alles, was ich sehe, die ganze Welt außer mir, und er wählt aus: Ulmbaum, Weinlaub, Füchse, Gruben, Regen. Die Natur, Pflanze, Tier, Landschaft – alles, was nicht Mensch ist, scheint unwiderruflich in seiner Existenz, unangefochten. Sogar das Wort, das diese sichtbare Welt zusammenbindet und nennt.

Obgleich Georg von der Vring dieses Gedicht hier geschrieben hat, als er über die Mitte des Lebens hinaus war, über fünfzig sicher, entwirft er darin – deutlich sich erinnernd – Bilder seiner Kindheit.

Die Mutter wars, das Zimmer wars,
Der Fluß im Sterngeflimmer wars;
Ein Hund im Ort, ein Hund an Bord,
Ihr Zorngebell durch Stunden fort.

Da ist das Kind, das eine Nachtszene erlebt: die Mutter, das Zimmer, und drüben, sternflimmernd, der Fluß. Das war die Weser, die an von der Vrings Geburtsort, Brake in Oldenburg, vorbeizieht. Diese Nachtszene ist nicht süßlich, ist keine falsche Idylle, das Kind ist unruhig, stundenlang bellen die Hunde, einer „an Bord", gehört auf eines der Schiffe, die vor Brake Anker warfen. Das „Zorngebell" in dieser Nacht stürzt alles, was nah ist, in eine ungenaue und bedrohliche Ferne.

Am Anfang der dritten Strophe wird die Rätselfrage, die Rätselantwort variiert.

Mich führt kein Weg zu keinem hin:
Ich werde nie sein, der ich bin.
Was ich bedenk, bleibt ungelenk,
Was ich betracht, scheint ungeschlacht;
Was ich mir träum, sind Uferbäum,
Darin ich euren Ruf versäum.

Das Thema der Einsamkeit tritt vor. „Mich führt kein Weg zu keinem hin" – ganz stark ist diese doppelte Verneinung und endgültig, so scheint es: kein Weg zu keinem. Nicht nur fremd mir selber, auch fremd den anderen, mir die anderen fremd: so wird es immer sein. Und das tiefe Gefühl des Ungenügens wird deutlich, die unaufhebbare, die eigene Unzulänglichkeit. Die Gedanken bleiben „ungelenk", führen nicht weit, was ich sehe und mir zu eigen mache, die Erscheinungen der sichtbaren Welt fügen sich nicht zusammen, ergeben kein Ganzes. Und in den nächsten Zeilen, den letzten beiden der dritten Strophe, hören wir ein Bekenntnis, ganz zurückgenommen, die Melodie der Sprache wird stiller, ein einziger Ton wird angeschlagen und trägt:

Was ich mir träum, sind Uferbäum,
Darin ich euren Ruf versäum.

Bäume am Ufer stehen meist dicht, die Zweige hängen tief herab, zugewachsen, abgeschirmt ist der Zufluchtsort, kein Ruf dringt durch. Auch das ist sicher ein wiedergefundenes Bild aus der Kindheit Georg von der Vrings: der Bub versteckt sich bei den Bäumen am Fluß, die anderen rufen: Komm. Aber es ist viel mehr als eine Kindheitserinnerung, es ist das dichterische Bild eines ganzen Lebens, einer künstlerischen Existenz: ich hier – dort ihr.

Schmerzlich, nachdrücklich wiederholend beginnt die vierte Strophe:

Ihr ruft mir schon seit Anbeginn,
Jedoch ich bin nicht, der ich bin.
Ich hör im Ried, ich hör im Schilf
Mein unverlierbar Lied: Gott hilf!
Und greif ins Haar, ob ich erfahr,
Daß ich ein Schilf, ein Ried nie war.

Alle diese Rufe waren schon immer. Es sind nicht nur die Stimmen der Freunde. Es ist der Ruf des Lebens, der Appell, da zu sein, ich zu sein – aber wie im Märchen ist die Identität vertauscht. Und wie im Märchen, wie im Traum klingen die letzten vier Zeilen, klingt das Gedicht aus. Im Schilf, im Ried hör ich mich selbst, verlier ich mich, was war ich und was werde ich sein. Ganz offen und zugleich ganz verrätselt der Schluß, die Schwermut schweigt, die Frage sinkt, von ferne scheint, mag sein, eine Antwort auf. Hier ist das Gedicht im ganzen:

Aus einer Nacht.

Oh Nachtgedank, mein Ungewinn:
Ich werde nie sein, der ich bin.
Der Ulmbaum ists, das Weinlaub ists,
Du Regenguß an Scheiben bists,
Ihr Füchse seids, ihr Gruben seids,
Ein hingeflüstert Wort bereits.

Dies lag mir schon im Kindersinn:
Ich werde nie sein, der ich bin.
Die Mutter wars, das Zimmer wars,
Der Fluß im Sterngeflimmer wars;
Ein Hund im Ort, ein Hund an Bord,
Ihr Zorngebell durch Stunden fort.

Mich führt kein Weg zu keinem hin:
Ich werde nie sein, der ich bin.
Was ich bedenk, bleibt ungelenk,
Was ich betracht, scheint ungeschlacht;

Was ich mir träum, sind Uferbäum,
Darin ich euren Ruf versäum.

Ihr ruft mir schon seit Anbeginn,
Jedoch ich bin nicht, der ich bin.
Ich hör im Ried, ich hör im Schilf
Mein unverlierbar Lied: Gott hilf!
Und greif ins Haar, ob ich erfahr,
Daß ich ein Schilf, ein Ried nie war.

Marie Luise Kaschnitz
Am Strande

So könnten wir sagen: Es gibt Gedichte, die sind ganz unmittelbar an einen anderen Menschen gerichtet, reden ihn an, holen ihn herein in jenen Kreis aus Wörtern, der immer auch ein magischer Kreis ist – aus dem man nicht mehr so ohne weiteres fortkommt. Während der Dichter zu diesem einen Menschen spricht, verwandelt sich seine Rede, so ist es oft: er spricht plötzlich zu uns allen. Hier ist das Gedicht, es heißt „Am Strande“:

Heute sah ich wieder dich am Strand
Schaum der Wellen dir zu Füßen trieb
Mit dem Finger grubst du in den Sand
Zeichen ein, von denen keines blieb.

Ganz versunken warst du in dein Spiel
Mit der ewigen Vergänglichkeit,
Welle kam und Stern und Kreis zerfiel
Welle ging und du warst neu bereit

Lachend hast du dich zu mir gewandt,
Ahntest nicht den Schmerz, den ich erfuhr:
Denn die schönste Welle zog zum Strand,
Und sie löschte deiner Füße Spur.

Marie Luise Kaschnitz hat dieses Gedicht geschrieben, die große Dichterin, berühmt, geehrt, preisüberhäuft und vor allem – geliebt, wie kaum ein anderer Autor dieser Zeit. Sie war um die siebzig, als sie starb, eine alterslose Schönheit, gezeichnet vom Schmerz und von der Freude, beides. Ich sah sie zuweilen, in München oder in Frankfurt, besuchte sie in ihrer

Frankfurter Wohnung, erinnere mich an Sommernachmittage dort: dunkelgrüne hohe Bäume vor den Fenstern, kühle stille Zimmer, Gespräche. Mit welcher Herzlichkeit empfing sie ihre Freunde!

Dieses Gedicht hier schrieb Marie Luise Kaschnitz als junge Frau, um 1930 herum; den Menschen, den sie anredet, können wir nur erraten (sicher ist freilich nichts, auch nicht im Umgang mit Gedichten) – es ist ein Kind wohl, ihr Kind, und die Worte rufen keinen Traum her, sondern zeichnen eine Erfahrung nach. Ihre Tochter Iris war damals ein paar Jahre alt. Fast leise erinnernd, setzt die Stimme ein:

> Heute sah ich wieder dich am Strand
> Schaum der Wellen dir zu Füßen trieb

– das ist der Ausgangspunkt, das spielende Kind am Strand, am Meer, ganz genau, unwiderruflich ist das Bild da; gleich wird es beschleunigt, präzisiert:

> Mit dem Finger grubst du in den Sand
> Zeichen ein, von denen keines blieb.

Das Kinderspiel am Strand – ein einfacher Vorgang, ein erfahrener, erfaßter Augenblick wird im zärtlichen Gefühl und in der dichterischen Sensibilität bedeutungsvoll erweitert. In der vierten Zeile der ersten Strophe setzt gewissermaßen die Verwandlung ein, klingt sie auf. Mit dem Wort „Zeichen“, das, wie jedes Wort in der lyrischen Ausdruckswelt, nicht zufällig gewählt ist, wird das sanfte, reizvolle Bild in eine wesentlichere Dimension eingefügt. „Zeichen“ – das bedeutet mehr als nur Gekritzel, spielerischer Wirrwarr des Kindes im Sand, Zusammenhangloses.

„Zeichen“ ist ein Wort, das immer noch auf etwas Wichtiges hinweist, das einen Sinnzusammenhang aufdecken will.

> Zeichen ein, von denen keines blieb.

Das Thema wird formuliert. Auch hier wieder Vergänglichkeit, Spuren des Menschen, die, kaum gezogen, von den Elementen wieder gelöscht werden. Was ist gemeint? Ich betrachte mein Kind, heißt das, und ich denke, ich sehe, ich beschreibe:

Ganz versunken warst du in dein Spiel
Mit der ewigen Vergänglichkeit
Welle kam und Stern und Kreis zerfiel
Welle ging und du warst neu bereit.

Ganz einfach sind die Worte, keine Verrätselung, kein Ausweichen. Das Kind im Sand malt Sterne und Kreise, ahmt die Bilder nach, die es bis jetzt vorfand in seiner Welt und sieht geduldig zu, wie die Zeichen gleich wieder schwinden. Welle kam – Welle ging, die Wiederholung in der dritten und vierten Zeile, der Gleichklang holt, ganz still, angedeutet, die Bewegung des Wassers her, die Wiederkehr.

Und du warst neu bereit

Nicht nur die Geduld des kleinen Menschen ist hier gemeint, sondern eine Ahnung von Tapferkeit, von Aushalten-Können wird formuliert: immer wieder zusehen können, daß das, was man versuchte zu zeigen, zu tun, ausgelöscht wird, das ist Mut und so muß es sein. Wer das nicht kann, wird es schwer haben, später – das liegt auch in dieser Zeile. Und noch dies: der heitere Umgang, die freie Unbefangenheit bannt vielleicht dieses Weltgesetz, die „ewige Vergänglichkeit", eine Spur Hoffnung ist hörbar.

Jetzt setzt die dritte Strophe ein:

Lachend hast du dich zu mir gewandt,
Ahntest nicht den Schmerz, den ich erfuhr:
Denn die schönste Welle zog zum Strand
Und sie löschte deiner Füße Spur.

Hier ist in unglaublicher Einfachheit, hinter der man den sensiblen und strengen Kunstverstand spürt, alles Wichtige gesagt, was von der Mutter zum Kind, recht eigentlich von einem Menschen zum anderen gesagt werden kann: Ich liebe dich und auch du wirst gehen, spurlos deine Werke, spurlos du selbst aus dieser Welt.

Es ist ein Gedicht, das sehr zart und still ist, das durch allzuviel Interpretation nur verletzt werden kann. Das Gedicht türmt keine inhaltlichen und formalen Ansprüche aufeinander, es verwendet wenig Bilder, denn es ist selbst ein einziges Bild, kleine Alltags-Skizze, aus der plötzlich ein Stück Wahrheit wird über uns und unser Leben. Aus dem eingefangenen Augenblick wird mehr, vielleicht ...

Ich will es so sagen: Auch für Marie Luise Kaschnitz war der Augenblick nicht nur „Mittelpunkt und Treffpunkt einer außerordentlichen Zahl von Wahrnehmungen", sondern Einbruchsstelle zur Ewigkeit: im Augenblick wird der Mensch gestellt, von den Dingen getrennt, aus Bezugssystemen gelöst, seinem Schicksal übergeben. Alles ist ein Zeichen, nichts ist zufällig, nichts ungültig, keiner kauft sich frei. Wie aus den selbstverständlichsten Anordnungen, aus dem Harmlos-Alltäglichen, dem Nebenher die tiefere Bedeutung, unsere trostlose und trostreiche Wirklichkeit tritt – das hat diese Autorin in Gedichten, in Erzählungen, in Hörspielen, in ihren unvergleichlichen tagebuchähnlichen Aufzeichnungen immer wieder beschrieben. Und einmal sagte sie: „... wer diese Aufzeichnungen liest, wird es kaum für möglich halten, wie oft ich, wie übrigens die meisten Menschen, der reinen Faszination des Lebens verfallen bin, das heißt entzückt war von der Tatsache, daß ich sah, hörte, atmete, schmeckte, mit einem Wort da war." Und andererseits: wie oft hat sie die Gegenwelt beschrieben, das Gegenglück und das, was sie „die Schwermut der Welt" nannte. Sie selbst trat in ihrer Schönheit, ihrer Klugheit, in dem erlebten Glück und dem erlebten Schmerz für beides ein: für das Ja und das Nein, für das Helle, für das Dunkle. So wie es sein muß, so wie es sich gehört.

Peter Huchel
Letzte Fahrt

Peter Huchels „Letzte Fahrt" – ein langes Gedicht, verhältnismäßig, neun Strophen, indes kurze Vierzeiler. Es fängt so an:

> Mein Vater kam im Weidengrau
> und schritt hinab zum See,
> das Haar gebleicht vom kalten Tau,
> die Hände rauh vom Schnee.
>
> Er schritt vorbei am Grabgebüsch,
> er nahm den Binsenweg.
> Hell hinterm Röhricht sprang der Fisch,
> das Netz hing naß am Steg.
>
> Sein altes Netz, es hing beschwert,
> er stieß die Stange ein.
> Der schwarze Kahn, von Nacht geteert,
> glitt in den See hinein.

Landschaftsbild also, Kindheitsbild Huchels aus der Mark Brandenburg, Rückbindung, Rückbezug; auftauchendes Bild aus der inneren Kammer des Gedächtnisses: Der Vater geht hinab zum See, zum Fischen. Realitätsbeschreibung also? Nein, auch für Peter Huchel, einen der bedeutendsten, nachdenklichsten Dichter des Jahrhunderts – ist das Vergängliche nur ein Gleichnis.

Wenn wir hinhören, hinsehen: so ist das nicht nur der alte Fischer, der zum See geht, die Figur und die begleitenden Bilder situieren mehr. Sie situieren den Menschen in der Ernsthaftigkeit seines Weges, eines dunklen Weges: Schattenmotiv, nicht Lichtmotiv.

Er: im „Weidengrau“, gebleichtes Haar und rauhe Hände, frühmorgens, es ist kalt, unversöhnlich distanziert bietet die Natur die Wegkulisse – „Grabgebüsch“ und „Binsenweg“; ein heller Blitz – der springende Fisch.

Sein altes Netz, es hing beschwert,
er stieß die Stange ein.
Der schwarze Kahn, von Nacht geteert,
glitt in den See hinein.

Hier zeigt sich in scheinbarer Einfachheit die Kunstfigur dieses Gedichts sehr schön – „Der schwarze Kahn, von Nacht geteert, /glitt in den See hinein“. Der Sprachrhythmus läßt das Ablegen des Kahns spüren. Arbeitsfahrt, Lebensfahrt. Die Wörter und Bilder führen uns, in einem geheimen Prozeß der Einbeziehung mit hinaus auf den See:

Das Wasser seufzte unterm Kiel,
er stakte langsam vor.
Ein bleicher Streif vom Himmel fiel
weithin durch Schilf und Rohr.

„Er stakte langsam vor“ – hören wir: ist in diesem nur scheinbar einfachen Satz nicht die ganze Bewegung enthalten? Der Sprachrhythmus beschwört den Vorgang: das langsam-mühselige Gleiten und auch jenen Augenblick, da das Wasser, das Element, den Kahn wieder ganz umfängt – und trägt.

Die nächsten drei Strophen:

Die Reuse glänzte unterm Pfahl,
der Hecht schlug hart und laut.
Der letzte Fang war schwarz und kahl,
das Netz zerriß im Kraut.

Die nasse Stange auf den Knien,
die Hand vom Staken wund,

er sah die toten Träume ziehn
als Fische auf dem Grund.

Er sah hinab an Korb und Schnur,
was grau als Wasser schwand,
sein Traum und auch sein Leben fuhr
durch Binsen hin und Sand.

Hier wird das Gleichnis deutlicher, doch was der Dichter sagen will, sagt er, tief nachdenklich, tief versponnen in Bildern. Der Fischer unterbricht die Arbeit, das Netz ist zerrissen, er setzt sich zurück im Kahn, hält die nasse Stange auf den Knien – ein Augenblick, und für ihn zerreißt auch das Netz der Realität: im Wasser ein Bild, eine Vision, seine Vision, seine Träume, tote Träume ziehn vorbei – „als Fische auf dem Grund“ – sein ganzes Leben sieht er zwischen Binsen und Sand. Eine kurze Erfahrung, Erkenntnis: keinen Traum verwirklicht, das Leben vergangen und vergeblich. Dann ist dieser Moment wieder vorbei, der Wasserspiegel gibt nichts mehr preis, Natur verrätselt das innere Bild von neuem:

Die Algen kamen kühl gerauscht,
er sprach dem Wind ein Wort.
Der tote Hall, dem niemand lauscht,
sagt es noch immerfort.

Einsamkeitsmotiv, Todesmotiv? Der Dichter spricht in Bildern, auch in Rätseln. Indes, die letzte Strophe zeigt uns alles klarer; sie beginnt mit „Ich“, ein anderer Mensch, der Sohn, spricht jetzt:

Ich lausch dem Hall am Grabgebüsch,
der Tote sitzt am Steg.
In meiner Kanne springt der Fisch.
Ich geh den Binsenweg.

Er, der Sohn, hört die Stimme der Einsamkeit, lauscht ihr, beantwortet sie, die Vision des Toten taucht auf, die letzten beiden Zeilen haben einen Anflug von Bewegung, von Zuversicht, von einer gewissen Helle und Schnelligkeit – die hellen Vokale, das i und das e bestimmen die Melodie.

Der Sohn geht nun der Arbeit des Vaters nach, der Anfang war gut, der Fisch springt in seiner Kanne, seine Bewegungen sind schnell. Ein neuer Mensch wird die gleichen Wege gehen bis zu jenem Augenblick, wo auch er Traum und Leben dahinfahren, dahinschwinden sieht.

Dieses Gedicht hat fast nur einsilbige Wörter, Substantive wie Verben; – Einsilbigkeit in doppelter Bedeutung: wortkarg, kurz, nichts Ausgreifendes oder Ausschweifendes ist in dieser Sprache; die Verhaltenheit läßt hinter den Worten einen dunklen Spiegel, einen unendlichen Raum ahnen.

Peter Huchel, 1981, 78jährig, gestorben, einer der großen Dichter der Epoche, unbeirrbar seine Sprache sprechend, Moden verachtend, hat sich eigentlich nie von der Gleichung: Landschaftsraum ist Existenzraum entfernt. Er ist durch alle Lebenswenden, durch alle hellen und bitteren Erfahrungen hindurch ein Dichter des „innersten Gefühls" geblieben – wie Kleist die unwiderruflichen Seelenlagen nannte.

Peter Huchel
Jan-Felix Caerdal

Dieses Gedicht Peter Huchels steht in seinem letzten Gedichtband „Die neunte Stunde", der 1979 erschien.

Jan-Felix Caerdal

Am Ende der Öde
sah ich die große Eskorte,
das Banner zerfetzt, die Trommel durchlöchert,
die Sänfte,
von acht zerlumpten Knechten getragen,
war leer.

Einem Toten,
die Arme zerbrachen wie trockene Äste,
gelang im Sturz der Stirnaufschlag.

Ich, der Bretone,
mit meerdurchsickerten Schuhen
und einem Hemd aus Nebel
über dem Sonnengeflecht,

ich, der Nachzügler,
der einst
Geschmeide wie Ähren auflas,
im Licht der Messe versank,

ging nun voran
mit leeren Händen
und einer Rinne Salz im Gesicht.

Ein Gedicht, zu dem uns zunächst der Weg versperrt erscheint, denn es trägt den Namen eines Mannes und wir fragen uns: Wer war er, Jan-Felix Caerdal? Kein Lexikon verzeichnet diesen Namen, Peter Huchel hat offenbar nie eine Erklärung dazu gegeben, auch der Herausgeber seiner Gesammelten Werke, Axel Vieregg, der in Neuseeland Germanistik-Professor ist, mit Huchel in dessen letzten Lebensjahren eng zusammenarbeitete, kann das Rätsel dieses Namens nicht lösen.

Wir müssen eine Annäherung versuchen.

Peter Huchel hat vor allem in den beiden letzten Gedichtbänden „Gezählte Tage“ und „Die neunte Stunde“, die die Lebenstrauer in unerhörten Bildern formulieren, häufig Eigennamen als Gedichtüberschriften gewählt: Ophelia, Macbeth, Odysseus und die Circe, Undine, Alkaios, Der Ketzer aus Padua, König Lear – Personen aus der Geschichte, der Sage, dem Mythos. Sie sind wichtig, die Namen, und zugleich sind sie es nicht, sind nur ein paar Zeichen, die andeuten, wohin die Spuren vielleicht laufen, im Wasser, im Schnee, im Gras, im Sand.

Nehmen wir an, Jan-Felix Caerdal, ein Bretone, wie es im Gedicht heißt, sei ein Mann, dessen Geschichte Peter Huchel einmal in der Bretagne gehört hat und den er wählt, um wiederum den Weg des Menschen auf dieser Erde zu zeigen. Der Dichter scheint die Zeit zu löschen, tief in die Vergangenheit einzutauchen, denn das erste Bild, das das Gedicht beschreibt, scheint Jahrhunderte zurück zu liegen:

> Am Ende der Öde
> sah ich die große Eskorte,
> das Banner zerfetzt, die Trommel durchlöchert,
> die Sänfte,
> von acht zerlumpten Knechten getragen,
> war leer.

Das ist das Bild vom Ende eines Kampfes, Niederlage, Verlust, Leere. Was groß war, ist zerstört, die Dinge auseinandergefallen, zerfetzt, durchlöchert, zerlumpt, acht Knechte tragen eine leere Sänfte, wo ist der geblieben, der drin saß, ein Mächtiger, ein Heerführer, ein Held, ein großer Mann? Niemand ist mehr da, nur der Zeuge, der spricht: „sah ich – die große Eskorte". Dann, in der nächsten Sequenz des Gedichts beschreibt dieser Zeuge, wie nebenher, was er noch sah:

> Einem Toten,
> die Arme zerbrachen wie trockene Äste,
> gelang im Sturz der Stirnaufschlag.

Eine Schreckensvision, scheinbar ungeheuer realistisch, jeder der im Krieg war, wie auch Peter Huchel, kennt solche Bilder, doch mehr als realistisch, wiederum: ein Gleichnis. So stürzt, so stirbt, so endet der Mensch auf dieser Erde, die Materie zerbricht, vom Jenseitsversprechen, vom Jenseitsglück weiß dieser Dichter nichts.

Nach diesen ersten Abschnitten des Gedichts, die gewissermaßen Auftakt waren, Ausgangspunkt, Beschreibung der Lage, zieht sich die dichterische Erzählung auf ihn zurück, Caerdal. Die nächsten beiden Abschnitte beginnen jeweils mit Ich: Ich, der Bretone, ich, der Nachzügler –. Aber lesen wir den nächsten Abschnitt des Gedichts, ein Höhepunkt der großen verschwiegenen Kunst dieses Dichters:

> Ich, der Bretone,
> mit meerdurchsickerten Schuhen
> und einem Hemd aus Nebel
> über dem Sonnengeflecht

Wie könnte die völlige Entblößung eines Menschen poetischer, und damit genauer umschrieben werden als mit den „meerdurchsickerten Schuhen" und dem „Hemd aus Nebel" – die Schuhe taugen nichts mehr und über den bloßen Oberkörper legt sich der Nebel – „über dem Sonnengeflecht". Nennung eines Körperteils, wie es scheint, dieser schöne seltsame Name der Physiologie: Sonnengeflecht, und doch mehr? Verriete es eine Verbundenheit mit dem Kosmos, spielt das Wort darauf an? Große Dichtung ist Freiheit und Geheimnis, wir werden uns hüten, sie auszuschlachten. „Ich, der Nachzügler", heißt es weiter

ich, der Nachzügler,
der einst
Geschmeide wie Ähren auflas,
im Licht der Messe versank

Ja, der Nachzügler, Nachzügler im Leidensmarsch der Geschichte vielleicht, der Menschheit überhaupt, vielleicht der, der noch glaubte, als Nachhut verschont zu bleiben, der nie ganz bereit war, teilzunehmen, sich zu stellen: der, mag sein, im Reichtum lebte, in der Geborgenheit einer Hoffnung zugleich, „Ich, der Nachzügler"

ging nun voran
mit leeren Händen
und einer Rinne Salz im Gesicht.

Er stellt sich der Hoffnungslosigkeit, er bringt nichts mit, hat nichts anzubieten, er geht „mit leeren Händen".

und einer Rinne Salz im Gesicht.

Caerdal weint. Oder was soll man dazu sagen, zu diesem wunderbar chiffrierten Bild? Meint es in aller Freiheit und Verrätselung die Teilnahme des Einzelnen am Elend dieser Welt? Oder erzählt Huchel eine Geschichte nach, eine Art Ballade, die niemand kennt? Oder fließen Caerdals Tränen, weil er an sich selber denkt? Ist nicht jedes Leben vertan, fragt der Dichter. Und ohne Hoffnung, einmal gerettet zu werden? Und die Antwort: In der großen Kunst wird alles vertane Leben, unbeantwortetes Leiden gebündelt, ins Licht gerückt – aber wir werden uns hüten, hier deutlicher zu werden.

Paul Celan
Die Schwermutsschnellen hindurch

Dieses Gedicht Paul Celans hat keinen Titel, keine Überschrift; es stammt aus dem Band „Atemwende“ aus dem Jahre 1967. Drei Jahre später ist Paul Celan, kaum fünfzigjährig, freiwillig aus dem Leben geschieden; er stürzte sich, in der Nähe von Paris, in den Fluß, in die Seine.

Das Gedicht:

> Die Schwermutsschnellen hindurch
> am blanken
> Wundenspiegel vorbei:
> da werden die vierzig
> entrindeten Lebensbäume geflößt.
>
> Einzige Gegen-
> schwimmerin, du
> zählst sie, berührst sie
> alle.

Paul Celan, der heute unzweifelhaft als einer der großen Dichter des Jahrhunderts gilt, hat in seinen späten Gedichtbänden Sprache und Welt in zunehmendem Maß verrätselt. Die dunkle Bildersprache seiner Gedichte hat die Leser oft in Glück wie in Verzweiflung und Angst gestürzt, in den Kummer also: die Melodie oder die Botschaft nicht zu hören, nicht zu fassen. Doch dieses Gedicht, wenden wir uns ihm einmal zu, ist es nicht ganz klar, transparent – für den Hellhörigen?

> Die Schwermutsschnellen hindurch
> am blanken
> Wundenspiegel vorbei:

Hier werden zunächst nur Orte angegeben, Welt wird in zwei Orten gefaßt und genannt: „Schwermutssschnellen" und „Wundenspiegel"; noch fehlt das Verb, doch die Bewegung wird bereits wunderbar angedeutet: „hindurch" und „vorbei". Diese Orte haben durch leichte Veränderungen der Worte eine fremdartige, neue Bedeutung erhalten: „Die Schwermutsschnellen" – hier ist das Wort „Stromschnellen" nur verändert, die Stellen, wo der Strom ganz plötzlich reißend und gefährlich wird, „Schwermutsschnellen" heißt es nun, ein Bild der Seele; auch die begegnet auf ihrer bewegten lebendigen Bahn den oft lebensbedrohenden Stellen, wo Schwermut sie mit sich reißt. Jedoch „hindurch" geht hier der Lauf,

am blanken
Wundenspiegel vorbei:

– auch hier wächst wieder etwas Fremdes aus einem vertrauten Bild, dem blanken Spiegel, der bei uns die Vorstellung eines ruhig-heiteren Sees auslöst, – auch hier entsteht wieder durch *ein* vorgestelltes Wort ein unerhörtes neues Bild „Wundenspiegel"; Spiegel, der die Wunden spiegelt. Und, diese Seelenbilder zurücklassend, hindurch und vorbei, treibt etwas, strömt etwas – was ist es? Jetzt in der vierten und fünften Zeile kommt die Auflösung: nicht mit einem Verb im aktiven Sinne, in der aktiven Form, sondern im Passiv: – „da werden geflößt". Irgendeine Macht, eine Kraft, Gott oder die Gewalt der Natur und des Schicksals, wer weiß, wer wagt die Antwort, flößt die Bäume, die „Lebensbäume" des Menschen hinab. Ein wunderbares Bild vom Weg des Menschen in der Welt, ein Bild nie vorher so gedacht, so formuliert.

Aber es heißt:

da werden die vierzig
entrindeten Lebensbäume geflößt.

Der Lebensbaum war von je Zeichen und Symbol für das Menschenschicksal, aber „vierzig", aber „entrindet"?

Vierzig – das müssen die vierzig Jahre des Sprechenden sein, vierzig Lebensbäume, für jedes Jahr ein Baum, werden da talwärts geflößt. In diesen ganz wenigen kurzen Zeilen wird hier zum erstenmal der Dichter selbst hörbar, verschlüsselt tritt das Autobiographische vor, das Bekenntnis: Ich spreche. Doch hinter der genauen Zahl, der „vierzig", steht jede beliebige höhere Zahl, jedes Leben ist gemeint, jeder Mensch.

Entrindet sind die geflößten Lebensbäume; abgezogene Rinde, abgezogener Schutz, entblößt, verwundet ließ jedes Jahr den Sprechenden zurück, läßt, sagt der Dichter, jedes Jahr den Lebenden zurück. Unendlich bitter und schmerzhaft ist dieses Wort „entrindet", das in seiner mitschwingenden Bedeutung durchaus gewaltsamen Angriff und Zugriff, Gewalt voraussetzt.

> Die Schwermutsschnellen hindurch
> am blanken
> Wundenspiegel vorbei:
> da werden die vierzig
> entrindeten Lebensbäume geflößt.

Aber nun setzt mit der zweiten Strophe der zweite Teil des Gedichts ein, andere Welt, Ergänzungswelt.

> Einzige Gegen-
> schwimmerin, du
> zählst sie, berührst sie
> alle.

Über diesen Textabschnitt ist viel geredet, geschrieben und gerätselt worden. Wir wollen uns für eine Deutung entscheiden, die uns die eindringlichste, die einleuchtendste von allen ist: Wir meinen, daß die „Gegenschwimmerin" ein

Mensch, eine Frau, ein geliebtes Du ist; das einzige in der Dimension der Distanz, der Einsamkeit, die sonst Existenzbereich des Dichters ist. Sie, die Gegenschwimmerin, kämpft sich flußauf, schwimmt dem Abwärtstreibenden, dem Abtreibenden, entgegen, hält den Fluß der Seele und des Schicksals nicht auf, gewiß, aber hält, sich mühend, kämpfend, die Gegenbewegung durch; schwer und bitter ist es, gegen den Strom zu schwimmen; die Gegenschwimmerin zählt, berührt sie alle: die Lebensbäume, die Jahre, sie kennt sie und erkennt sie, weiß von der Verwehrung und Vergeblichkeit. Und sie „berührt" die entrindeten Bäume – nicht Heilung bedeutet das, aber Heil. Der andere weiß von deinen Qualen, deinen Leiden, berührt sie in einem Augenblick des Stillstands: wenn, im Bild des Stromes, die Gegenschwimmerin vor dem Baum einhält.

Ganz von ferne klingt jenes vertraute, jenes Trostwort der Bibel, des Alten Testamentes auf, von dem, der sich nicht fürchten soll, denn er ist mit seinem Namen gerufen worden, er gehört Gott. Das heißt hier: Die Daseinsverwundungen, das Geschundensein kann schmerzfreier werden: in der Begegnung, Berührung, das aber heißt im Erkennen.

Das letzte Wort des Gedichts, dieses „alle", das in einer Zeile allein steht, ist auch wie ein Ausatmen, ein Anklang von Erleichterung, eine Annäherung ans Danken-Können.

Wenn unsere Enträtselung stimmt, dann ist dieses Gedicht eines der schönsten, der stillsten Liebesgedichte der Weltliteratur. Aber: vielleicht hat der Dichter etwas ganz anderes mit diesen Bildern gemeint; ein Geheimnis von Celans halb bewußter, halb unbewußter Sprachkunst liegt in der Vieldeutigkeit höchsten Ranges, der Offenheit seiner Verse. Oder sagen wir es einfacher: In dieser Welt, in der alles verrätselt ist, das erste und das letzte, sind große Gedichte immer Leuchtzeilen, oft schwer lesbare, am verhangenen Himmel.